ulmer

Lotta Repenning (Text)
Robert Schlossnickel (Fotos)

ENDLICH MITTAGSPAUSE!

Indoor-Gärtnern
zwischen Mails und Meetings

INHALT

DIE NEUE
MITTAGSPAUSE

>> Wer morgens schon weiß, dass der Tag stressig wird, verschwendet keine Zeit für „unwichtige" Dinge wie die Planung der Mittagspause. Ein Fehler! Denn gerade an stressigen Tagen ist diese besonders wichtig für Körper und Seele.

Passt in den Tag

Wie oft habe ich gerade an anstrengenden Arbeitstagen mittags auf Schokoriegel, belegte Brötchen oder ein Pizzastück zurückgegriffen. Hauptsache schnell satt sein und weiterarbeiten können! Dass das nicht gesund sein kann, war mir natürlich schon klar. Aber Ausreden dafür, dass man doch nichts daran ändert, gibt es immer – zu aufwendig, zu teuer, zu kompliziert, zu … Heute weiß ich: Alles Quatsch.

Eine erholsame Mittagspause ist extrem wichtig, wenn man auch am Nachmittag noch konzentriert sein will und gute Leistung bringen möchte. Abschalten, genießen und Energie tanken! Mit diesem Buch möchte ich dich dazu einladen, deine Mittagspause neu zu gestalten.

Neben Sprossen wachsen auch Kräuter, Gemüse und sogar Pilze im Indoor-Garten.

Beim Gärtnern auf der Fensterbank bekommst du den Kopf frei und kannst etwas grüne Luft schnuppern. Dafür brauchst du keinen grünen Daumen oder besonderes Geschick, Gärtnern ist nicht schwer und gelingt dir – mit den richtigen „Zutaten" – garantiert. Spätestens wenn bei dir im Büro Kräuter, Pilze, Gemüse & Co. in aller Pracht gedeihen, werden sich deine Zweifel in Luft auflösen.

Doch warum ausgerechnet gärtnern?

Nach stundenlanger Arbeit am Computer ist Indoor-Gärtnern ein idealer Ausgleich. Hier kommen alle deine Sinne in Fahrt: Du kannst fühlen, schmecken, riechen und jede Menge beobachten. „Wie geht's meinen Champignons heute?" „Mmh, der Thymian duftet aber lecker!" Eine kurze Rückbesinnung auf die kleinen Freuden bringt dich an stressigen Tagen für einen Moment auf andere Gedanken. Vielleicht gewinnst du unter deinen Kolleginnen und Kollegen ja auch noch weitere Fans fürs Indoor-Gardening. Gemeinsames Pflegen und Ernten kann das Team stärker zusammenschweißen. – Du sitzt im Homeoffice? Auch dem steht ein bisschen Grün bestimmt gut!

Beim Gärtnern bekommst du den Kopf frei und kannst kurz abschalten und durchatmen.

Doch das Allerbeste ist eigentlich: Deine Pflanzen sind nicht nur eine tolle Beschäftigung zum Entspannen zwischendurch, sie liefern dir auch frische Ernte, die deinen Mittagspausensnack im Handumdrehen aufwertet. Einige schnelle und leckere Rezepte habe ich dir in diesem Buch zusammengestellt. Gönn dir eine kleine Auszeit, um dein Mittagessen richtig zu zelebrieren. Ich wünsche dir viel Spaß beim Gärtnern und Genießen!

Gärtnern und Genießen – so geht Mittagpause heute.

SO ENTSTEHT EIN
INDOOR-
GARTEN

Jedem Anfang wohnt ein Zauber inne – oder wie sagt man so schön? Auch beim Indoor-Gärtnern im Büro oder Homeoffice wirst du diesen Zauber erleben. Versprochen. Auf den nächsten Seiten findest du ein paar grundlegende Infos zur Verwirklichung deiner gärtnerischen Träume. Dazu zählen Tipps und Tricks zur richtigen Ausstattung, Wissenswertes zum Thema Saatgutkauf, Anregungen zur Organisation im Team und vieles mehr. Nachdem du die Seiten gelesen hast, steht deinem Indoor-Garten nichts mehr im Wege!

VORBEREITUNG
IST ALLES

>> Wie bei allen Projekten gehört auch beim Gärtnern im Büro von der Idee bis zur eigentlichen Umsetzung eine gute Planung dazu. Und gerade, wenn du deinen Indoor-Garten in geteilten Büroräumen aufbauen willst, gibt es einige Dinge vorab zu klären.

Von der Idee zur Umsetzung

Das Wichtigste vorweg: Bevor du mit dem Gärtnern loslegst oder dir überhaupt so viele Gedanken darum machst, solltest du mal ganz lieb bei deiner Chefin oder deinem Chef nachfühlen, ob sie bzw. er dem Ganzen wohlwollend gegenübersteht. Denn klar ist, diese Einwilligung brauchst du definitiv. Das Gärtnern soll ja Spaß machen und nicht zu Unmut in der Firma führen.

Hast du grünes Licht bekommen, solltest du auch die Kolleginnen und Kollegen über dein Vorhaben informieren. Hier musst du zwar nicht direkt um Erlaubnis bitten, aber du könntest mal horchen, wie die anderen die Idee finden und ob jemand etwas dagegen hat. Vielleicht gibt es Fragen oder Sorgen, die du direkt beantworten bzw. aus dem Weg räumen kannst. Reagiert zum Beispiel jemand allergisch auf bestimmte Pflanzen oder Gerüche? Wenn du das vorher weißt, kannst du dir viel Ärger ersparen. Vielleicht weckst du bei manchen ja auch schon etwas Neugierde für dein Projekt – oder kannst sie sogar motivieren mitzumachen. Perfekt! Denn es ist immer besser, wenn du ein paar Leute aus deinem Team mit an Bord hast, dann könnt ihr euch die Arbeit und die Ernte teilen (zum Thema Teamwork siehe Seite 24).

Bestandsaufnahme

Einige Pflanzen mögen es sonnig, andere schattig, einige lieben es warm, andere kühl, einige brauchen viel Wasser, andere wenig, einige müssen gedüngt werden, andere nicht. Informiere dich also immer vorab, welche Bedürfnisse die Pflanze hat, die du anpflanzen willst, und

richte dich danach aus. Wobei: Das Büro ist ein begrenzter Raum, der bestimmte Bedingungen bereits vorgibt. Vielleicht findest du die perfekte Pflanze für dein Büro?

Es bringt nichts, Pflanzen, die richtig viel Sonne mögen, auf der schattigen, kalten Fensterbank zu kultivieren. Der Aufwand wird sich kaum lohnen. Versuche also nicht, die Gegebenheiten im Büro krampfhaft an bestimmte Pflanzen anzupassen, sondern suche dir Pflanzen aus, die zu den Gegebenheiten passen oder nur noch kleine Nachbesserungen verlangen.

Also, was gibt es bei dir im Büro? Breite Fensterbänke? Einen Balkon? Einen Kellerraum? Einen dunklen oder hellen Schreibtisch am Fenster? Wie ist die Temperatur? Wie hoch ist die Luftfeuchtigkeit? Gibt es Möglichkeiten zum Lüften?

Dir juckt es schon in den Fingern? Damit das große Gärtnern bald beginnen kann, solltest du einige Dinge vorab beachten.

Optimale Bedingungen

Standort: Beziehe deine Kolleginnen und Kollegen bei der Standortauswahl am besten mit ein, dann vermeidest du unnötige Unstimmigkeiten direkt am Anfang deines Vorhabens. Vielleicht bekommst du auch direkt die ein oder andere Fensterbank für deine Garten-Experimente angeboten. Oder sogar Hilfe! Wer gemeinsam gärtnert, kann auch gemeinsam genießen. Hast du das Wohlwollen vieler Leute an Bord, wird sich auch die Anzahl der möglichen Standorte erhöhen. Trotzdem: Nicht übermütig werden. Vielleicht fängst du erstmal mit ein paar Pflanzen an und weitest das Ganze aus, wenn es gut funktioniert und auch die anderen überzeugt sind. Manche Pflanzen gedeihen nur draußen richtig gut, zum Beispiel Radieschen oder Kapuzinerkresse. (Ich habe es drinnen probiert, leider mit wenig Erfolg.) Wenn du einen Balkon zur Verfügung hast, kannst du problemlos auch solche Pflanzen anbauen.

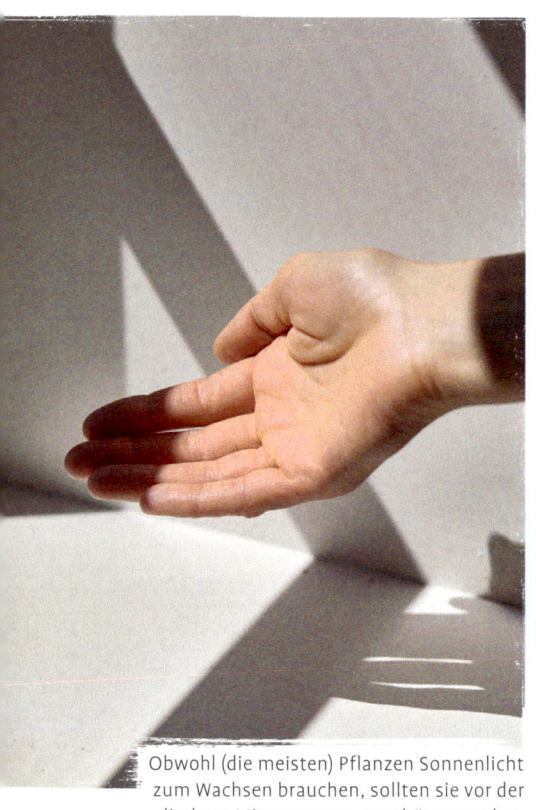

Obwohl (die meisten) Pflanzen Sonnenlicht zum Wachsen brauchen, sollten sie vor der direkten Mittagssonne geschützt werden.

Licht: Das Wichtigste beim Gärtnern ist das Licht. Ohne Licht geht gar nichts. Obwohl, zwei Ausnahmen gibt es: Sprossen und Pilze. Vorab solltest du also prüfen, wie viel Licht dein Büroraum hergibt. Hier ist natürlich die Ausrichtung der Fenster entscheidend. Hast du eine helle Fensterbank? Oder gehen die Fenster alle nach Norden raus? In dem Fall musst du wahrscheinlich mit einer Pflanzenlampe nachhelfen. Beim Indoor-Garten ist meist der Mangel an Licht das Problem, aber auch die knallige Mittagssonne sollte es nicht gerade sein. Ein paar Sonnenstunden morgens oder abends wären ideal, wenn der Standort auch den restlichen Tag über schön hell ist.

Temperatur: Auch die Temperatur ist entscheidend, im Innenraum aber normalerweise relativ konstant und für die in diesem Buch vorgestellten Ansätze grundsätzlich geeignet. Allgemein kann man sagen: Es darf weder zu kalt noch zu warm sein. Wenn die Pflanzen zu kalt stehen, wird das Wachstum gehemmt. Stehen sie allerdings zu warm, haben sie die Eigenschaft zu schießen („vergeilen"). Eine Fensterbank über einem Heizkörper wäre zum Beispiel ein denkbar schlechter Standort: Weil hier das Verhältnis von Wärme und Licht nicht stimmt, suchen die Keimlinge krampfhaft nach mehr

Manche Pflanzen mögen es wärmer, andere kühler. Bist du dir mit der Temperatur am Standort unsicher, sorgt ein Thermometer für Klarheit.

Licht und schießen deshalb in die Höhe Richtung Sonne. Pilze mögen es eher kühl und können eine hohe Luftfeuchtigkeit gut vertragen. Vielleicht gibt es einen kühlen Ort wie ein Treppenhaus oder eine Küche, in der sie stehen können?

Luftzirkulation: Ab und an lüften, das kann nie schaden. Wenn der Raum dir zu stickig vorkommt, ist er das auch für die Pflanzen und es heißt: Fenster auf, frische Luft bitte! Nicht nur für ein gesundes Wachstum, sondern auch zum Vorbeugen gegen Schädlinge kann eine frische Brise sehr hilfreich sein. Aber hier ist es wie mit fast allem im Leben: In Maßen genießen. Ständige Zugluft solltest du vermeiden.

Auch der Duft kann über den Standort entscheiden. Wenn ein Kollege oder eine Kollegin partout keinen Thymian mag, dann solltest du den Pflanztopf lieber außer Riechweite stellen.

DIE PERFEKTE GRUND-AUSSTATTUNG

>> Das Gärtnern auf der Fensterbank ist nicht aufwendig und du benötigst gar nicht viel, um damit zu beginnen. Ein paar wenige Utensilien erweisen sich dennoch als praktisch und erleichtern dir den Einstieg. Hier findest du die wichtigsten Dinge im Überblick.

Töpfe & praktische Helfer

Pflanzgefäße: Damit deine Pflanzen überhaupt existieren können, brauchst du natürlich Pflanztöpfe bzw. Pflanzschalen. Sie sollten vor allem von der Größe her angemessen sein und gegebenenfalls „mitwachsen". Wichtig für die Gesundheit deiner Pflanzen und gleichzeitig eine Vorbeugung gegen Schädlinge ist, dass sich innerhalb des Topfes keine Staunässe bildet. Es empfiehlt sich also, Pflanztöpfe mit einem „Abfluss" zu nehmen, also Terrakotta- oder Kunststofftöpfe mit einem bzw. mehreren Löchern im Boden, und einen Unterteller darunter zu platzieren.

Anzuchtschalen: Um Platz und Anzuchterde zu sparen, kannst du deine Samen zunächst in kleineren Behältnissen aussäen und später dann in größere Töpfe umziehen lassen. Anstatt nun direkt in den nächsten Pflanzenfachhandel zu laufen und dir teure Anzuchtboxen zu

Pflanzgefäße gibt es – wie vieles zum Gärtnern – schon für wenig Geld, oft auch gebraucht und sogar gratis abzugeben.

kaufen, schau doch mal, was du dafür sonst noch benutzen könntest. Oft verbirgt sich hinter vermeintlichem Abfall noch ein brauchbares Pflanzgefäß. Farblose Eierkartons zum Beispiel sind hervorragend geeignet, um Samen auszubringen. Auch Klopapierrollen und leere Milchpackungen sind praktische kleine Pflanzgefäße. Vorteile: gratis und ressourcenschonend (siehe auch Seite 16–17).

Gießkanne: Ein sehr wichtiges Utensil im Garten-Business ist die Gießkanne. Für drinnen reicht eine kleine Handgießkanne, die sich gut auf der Fensterbank oder im Regal unterbringen lässt. Da viele Pflanzen es nicht mögen, wenn das Wasser frisch aus der Leitung kommt, machst du die Kanne nach dem Gießen am besten direkt wieder voll und lässt sie bis zum nächsten Gießen stehen. So kann sich Kalk absetzen.

Sprühflasche: Eine Pflanzensprühflasche verhindert am Anfang, dass Samen wegschwimmen, und erleichtert dir das Gießen der zarten Keimlinge. Besonders die jungen Pflänzchen, die gerade erst gekeimt sind, würden unter der Flut aus der Gießkanne schnell ertrinken. Besser ist es, sie nur ganz leicht zu besprühen. Auch wenn die Pflanzen schon groß und robust sind, kannst du ihnen ab und zu einen feuchten

Nebel verpassen, das frischt auf und entfernt den Staub von den Blättern. Außerdem beugt es Schädlingen wie Blattläusen vor.

Gartenschere: Wer drei Minzblätter zur Verzierung seines Joghurts braucht, kann sie einfach mit dem Finger abzupfen. Aber: Gerade zur Entnahme von ganzen Stängeln wie etwa beim Thymian und zum Entfernen von vertrockneten Pflanzenteilen ist die Schere perfekt geeignet.

Messer: Zur Ernte von Kräutern und Pilzen ist ein scharfes Messer ideal.

Pflanzenlampe: Wer einen schattigen Arbeitsplatz hat oder bei wem die Fensterfront zur Nordseite zeigt, sollte mit etwas zusätzlichem Licht nachhelfen, damit die Pflanzen gut gedeihen. Dazu eignen sich spezielle Pflanzen- bzw. Tageslichtlampen (siehe Seite 98). Diese gibt es auch schon für kleines Geld zu kaufen.

Zimmergewächshaus: In Büroräumen ist die Luft häufig sehr trocken. Dann kann ein Zimmergewächshaus nützlich sein. Wie in einem „echten" Gewächshaus ist es darin schön hell und man hat hier eine höhere Luftfeuchtigkeit und Temperatur als in der Umgebung. Gerade Sämlinge finden so die perfekte Umgebung, um zu wachsen.

Jegliches Garten-Equipment wird einem als „unverzichtbar" verkauft. Vieles davon ist aber wirklich unnötig. Fang einfach an und nutze erst einmal das, was da ist!

Zimmergewächshäuser sorgen auch bei trockener Raumluft für ein feuchtes Klima und erleichtern deinen Pflanzen den Start ins Leben.

Kennzeichne deine Pflanzen am besten direkt mit einem Pflanzschild, damit alle wissen, was in welchem Topf wächst.

Pflanzschilder: Sie sind nicht nur schön, sondern auch extrem sinnvoll. Denn Töpfe mit frisch ausgebrachten Samen oder winzigen Keimlingen sind schnell verwechselt und vertauscht! Wäscheklammern lassen sich zum Beispiel leicht beschriften und an den Pflanztopf klemmen.

Erde & Dünger

Erde: Grob unterscheidet man zwischen Anzucht-, Kräuter-, Blumen- und Gemüse- bzw. Tomatenerde. Meiner Erfahrung nach lohnt es sich, in die richtige Erde zu investieren. Mit dem passenden Substrat stellst du sicher, dass deine Pflanzen die ihren Ansprüchen entsprechenden Nährstoffe erhalten. Anzuchterde ist nährstoffarm und bietet ein optimales Substrat für die Keimung. Sie eignet sich also für die Anzucht von Pflanzen aus Samen. Sobald die kleinen Pflanzen einige Zentimeter in die Höhe gewachsen sind, solltest du sie in größere Behälter umsetzen. Das gilt allerdings nur für einige Gemüsearten. Küchenkräuter zum Beispiel kannst du direkt in einem ausreichend großen Topf mit Kräutererde aussäen und dort bis zur Ernte wachsen lassen.

Dünger: Weil die Nährstoffe im Topf deutlich begrenzter verfügbar sind als beispielsweise im Beet, solltest du deine Pflanzen regelmäßig mit Dünger versorgen. Auch hier empfehle ich dir: Verwende immer das für deine Pflanzen passende Produkt, also Kräuterdünger für Gewürz- und Kräuterpflanzen, Tomaten- und Gemüsedünger für dein Gemüse und so weiter. Nur so kriegen die Pflanzen genau das, was ihnen wirklich guttut. Bitte biologisch düngen, du willst die Pflanzen ja auch noch verzehren! Es gibt auch eine Reihe von Küchenabfällen, die sich zum Düngen eignen, wie etwa Kaffeesatz, Tee, Eierschalen oder Kartoffelwasser. Übrigens: Manche Pflanzen, wie zum Beispiel die Kapuzinerkresse, brauchen gar keinen Dünger.

NACHHALTIGKEIT
UND UPCYCLING

>> Es ist nicht alles neu, was glänzt! Schone Ressourcen und deinen Geldbeutel und schau dich in deinem Büroraum mal aufmerksam um: Was gibt es hier, was nicht mehr gebraucht wird, sich aber super fürs Gärtnern eignen könnte?

Gebraucht statt neu

Es gibt jede Menge Gartenzeugs, für das man Geld ausgeben kann. Und glaubt man den Katalogen oder der Werbung, dann braucht man das alles auch sofort und unbedingt. Dabei ist das meiste nur Quatsch. Klar, ohne Pflanztöpfe kann man nicht gärtnern, und Saatgut und Erde braucht man auch. Aber erstaunlich vieles kann man gebraucht finden oder zweckentfremdet im Indoor-Garten einsetzen.

Wenn du in einem Büro bist, kannst du natürlich deine Kolleginnen und Kollegen fragen, ob sie noch Pflanztöpfe, eine Gießkanne, eine Gartenschere oder Sonstiges ungenutzt im Keller haben. Mach doch eine Liste mit Dingen, die du gebrauchen könntest, und hänge sie ins Büro. Oder erkundige dich in deinem Umfeld. Vielleicht findet sich der ein oder andere Schatz ja auch noch bei dir zu Hause. Auch ein Blick in die Kleinanzeigen lohnt sich. Hier werden Gartenutensilien oft zum kleinen Taler verkauft. Toll für dich, toll für deinen Geldbeutel, toll für die Umwelt!

Alte Klopapierrollen eignen sich hervorragend als kleine Anzuchtgefäße.

Einfach mit der Schere halbieren,
vier Schnitte machen und den
Boden falten.

Dann auf einen Unterteller oder in
einer größeren Schale platzieren.
So kann die Erde nicht aus dem
Gefäß fallen, das Wasser aber
dennoch ablaufen.

Kreative Pflanzbehälter
aus Büromaterial

Statt neu oder gebraucht zu kaufen,
ist Selbermachen natürlich auch noch
eine Option. Aus ausrangierten Stifte-
behältern und leeren Kaffeebechern
entstehen Pflanztöpfe, Milchpackungen verwandeln sich in Anzuchtschalen, Deckel größerer Schraubgläser
dienen als Untersetzer, aus Altpapier
entstehen Saatguttütchen, leere
PET-Flaschen werden zu Mini-Ge-
wächshäusern oder automatischen
Gießanlagen umfunktioniert...

Mit ein bisschen Fantasie wirst du
in ausgemusterten Dingen und vermeintlichem Müll noch viel Potenzial
für den Einsatz bei deinem Garten-
projekt entdecken.

In vielen Gartencentern
werden kleine Pflanztöpfe
aus Plastik übrigens umsonst
abgegeben, weil sie sowieso
im Müll landen würden.

SAATGUT KAUFEN, ABER GUTES

>> Der Startschuss ist gefallen, nun kann es losgehen. Du hast alles vorab geklärt, das notwendige Material zusammengesucht und nun geht es ans Saatgutkaufen. Dafür hast du mehrere Möglichkeiten: Gartencenter, Katalog oder online. Egal, woher du dein Saatgut und auch deine Pflanzen beziehst, auf ein paar Dinge solltest du unbedingt achten.

Samenfest: Der Hinweis, ob das Saatgut „samenfest" (bzw. „sortenfest") ist, steht meist auf der Verpackung. Samenfest bedeutet, dass die Pflanzen Samen bilden, mit denen du neue Pflanzen ziehen kannst, die wieder ähnliche Eigenschaften haben. Du kannst also aus deinen Tomaten Samen sammeln und diese im nächsten Jahr neu einpflanzen. Das genaue Gegenteil dazu sind sogenannte F1-Hybride: Wenn man mit F1-Hybriden gärtnert, muss man jedes Jahr neues Saatgut kaufen, da man sie nicht vermehren kann. Obwohl diese Hybriden extra so gezüchtet werden, dass sie einen hohen Ertrag bringen und sich resistent gegen Schädlinge zeigen, sind sie bei vielen Gartenfans in Verruf geraten. Man kreidet ihnen an, dass sie als Hochzuchtsorten die Vielfalt verdrängen. Ich nehme deshalb nur samenfestes Saatgut. Außerdem achte ich beim Kauf von Saatgut auf Bio-Qualität. Doch Achtung: Bio heißt nicht, dass die Pflanzen automatisch auch samenfest sind.

Saatgut gibt es auch als Saatband oder Saatscheibe zu kaufen. Der ideale Pflanzabstand wird so automatisch eingehalten. Die Idee ist zwar praktisch, ich bringe die Samen aber trotzdem viel lieber selbst mit den Fingern aus!

Haltbarkeit: Achte darauf, wie lange das Saatgut haltbar ist. Mit zunehmendem Alter nimmt nämlich die Keimfähigkeit leider ab. Da in einer Packung meist deutlich mehr Samen drin sind, als man für die Anzucht in einem Jahr braucht, sollte die Haltbarkeit möglichst noch ein Jahr länger gewährt sein. Auch gut: Saatgut mit anderen tauschen!

Hohe Keimrate: Auch diesen Hinweis findest du auf der Verpackung oder als Info im Produkttext. Achte auf eine hohe Keimrate. Liegt sie zum Beispiel bei um die 8/10, dann weißt du, dass im Schnitt 8 von 10 Samen aufgehen und zu einer Pflanze heranwachsen müssten.

Alte Sorten: Unser Gemüse wird immer langweiliger. Das kommt daher, dass immer gleiche Sorten kultiviert und verkauft werden – und zwar auf Kosten der Vielfalt alter Sorten, die in Vergessenheit geraten und aussterben. Ich liebe es, ungewöhnliche alte Obst- und Gemüsesorten zu entdecken, und kann dir das Experimentieren damit nur empfehlen.

Vielleicht kannst du deine Kolleginnen und Kollegen ja bald schon mit grün gescheckten oder schwarzen Tomaten überraschen. Augen- und Gaumenschmaus garantiert!

Typ klassisch oder experimentell? Die Auswahl an Saatgut ist extrem vielfältig. Es gibt auch sehr spezielle Sorten wie schwarze Tomaten oder Schokoladenminze.

Saatgut tauschen: Statt alles neu zu kaufen, frag doch mal im Kollegium oder Freundeskreis nach, ob jemand etwas Saatgut für dich übrig hat oder mit dir tauschen möchte. Vielleicht hast du auch schon mal von Saatguttauschbörsen gehört: Sie finden meist im Frühjahr statt (also kurz vor der Gartensaison) und sind ein wahres Spektakel, denn hier gibt es massig Saatgut von alten, eher unbekannten Sorten für kleines Geld oder zum Tausch. Schau doch mal im Internet, ob bei dir in der Nähe eine Saatguttauschbörse veranstaltet wird!

SCHÄDLINGE IN DEN GRIFF KRIEGEN

>> Wer gärtnert, hat es früher oder später leider auch mit Schädlingen zu tun. Das ist aber nicht weiter tragisch, denn es gibt gute Tricks, um die ungebetenen Gäste wieder loszuwerden. Und einiges kannst du auch schon vorbeugend tun.

Schädlingen vorbeugen

Grundsätzlich gilt: Schwache, kranke Pflanzen sind anfälliger für den Befall durch Schädlinge. Achte daher immer darauf, dass es deinen Pflanzen gut geht und sie genug Wasser, Licht, Wärme, Luft und Liebe abkriegen.

Ordentlich belüften: Egal ob im Zimmergewächshaus oder am einfachen Pflanztopf: Wer lüftet, tut Gutes. Denn für ein optimales Raumklima ist frische Luft das A und O. Eine gute Luftzirkulation unterstützt die Pflanzen in ihrem Wachstum und beugt Schädlingen vor.

Erde vorbereiten: Ein häufiger Schädlingsbefall erfolgt über die Pflanzenerde. In manchen Erdsäcken, die man kauft, sind etwa Larven der Trauermücke enthalten. Sobald diese in eine gemütlich warme Umgebung gelangen, schlüpfen sie und befallen deine Pflanze. Um dem Ganzen vorzubeugen, kannst du die Pflanzenerde vorab prüfen. Dafür füllst du einen kleinen Topf mit Erde und stellst ihn separat auf. Falls nun in wenigen Tagen Fliegen im Topf sind, ist die Erde kontaminiert. In diesem Fall kannst du sie im Backofen sterilisieren. Breite dafür die leicht angefeuchtete Erde auf einem Backblech aus und schiebe dieses für 30 Minuten in den 90 °C heißen Ofen. Die hohe Temperatur tötet die Larven ab.

Richtig gießen: Nicht zu viel, nicht zu wenig – aber wie viel ist das denn nun? Um rechtzeitig zu erkennen, ob deine Pflanzen Wasser brauchen, machst du vor jedem Gießen eine Fingerprobe. Dazu steckst du die Fingerkuppe in die Erde. Falls du Feuchtigkeit fühlst, ist alles gut und du brauchst nicht zu gießen. Falls nicht: Wasser marsch! Doch...

Um Staunässe zu vermeiden, gieße am besten „von unten".

Staunässe vermeiden: Staunässe ist etwas, was wirklich die wenigsten Pflanzen vertragen. Aus diesem Grund haben Pflanztöpfe unten ein Loch (oder mehrere) und werden auf einen Untersetzer bzw. in einen hübschen Übertopf gestellt. So kannst du auch immer „von unten" gießen. Gib dafür Wasser in den Untersetzer oder Übertopf, warte 20 Minuten und lasse deine Pflanze in der Zeit so viel Wasser aufsaugen, wie sie braucht. Das restliche Wasser musst du dann abgießen.

Pflanzenpflege: Wenn deine Pflanze braune oder gelbe Blätter kriegt, kann das ein Zeichen für Nährstoffmangel sein, für die falsche Wasser-menge oder, oder, oder. Am besten wartest du, bis das Grün aus den Blättern verschwindet, und schneidest die kaputten Pflanzenteile dann ab. Außerdem solltest du nach der Ursache forschen.

Dünger: Damit deine Pflanzen stark, gesund und nicht so anfällig für Schädlinge sind, solltest du sie regelmäßig düngen. Doch besorge dir den Dünger, den deine Pflanzen wirklich brauchen (siehe Seite 15).

Schädlinge bekämpfen

Mist, jetzt ist es passiert. Trotz aller Mühen und der liebevollen Pflege sind sie doch gekommen, die Schädlinge. Welche am häufigsten sind und wie du sie bekämpfst, will ich dir hier kurz erklären.

Trauermücken: Diese kleinen Biester sind echt lästig. Sie nerven nicht nur, sondern sind auch für die Pflanze extrem schädlich. Ihre Larven knabbern die feinen Wurzeln an und beschädigen die Pflanze von unten. Da musst du schleunigst aktiv werden. Ist deine Pflanze schon groß und kräftig genug, dass sie eine kurze Trockenperiode problemlos überstehen kann, solltest du zunächst einmal das Gießen für einige Tage einstellen. Die Trauermücken mögen es feucht und warm und kommen mit der Trockenheit gar nicht klar.

Gegen Trauermücken (und gegen viele andere Schädlinge auch) gibt es außerdem wirksame Hausmittelchen. Die folgenden drei haben sich bei mir am besten bewährt:

- Backpulver großzügig auf die Erde streuen und diese mit der Sprühflasche anfeuchten. Die Trauermücken fressen es und verenden.
- Streichhölzer mit den Köpfen in die Erde stecken. Den Schwefel mögen die Tiere gar nicht.
- Kräuter mit einem hohen Anteil an ätherischen Ölen, wie Petersilie oder Schnittlauch, einfach frisch ernten (oder kaufen), klein schneiden und auf die Erde streuen. Sie vernichten die Schädlinge ebenfalls.

Schimmel: Ein typischer Schimmelpilzbelag entsteht schnell bei Staunässe oder einem zu feuchten und zu warmen Klima. Um ihn loszuwerden, solltest du deshalb zunächst einmal die Erde austrocknen lassen. Entferne die Schimmelschicht (zum Beispiel mit einem Löffel) und reinige auch den oberen Rand des Pflanztopfes gründlich. Lockere die Erde auf und fülle oben frische Erde nach. Achte von nun an verstärkt darauf, dass sich keine Staunässe bildet. Falls der Befall wiederkommt, solltest du die Pflanze ganz umtopfen. Das heißt: Pflanze aus dem Topf nehmen, Erde komplett entfernen, Topf reinigen, Wurzeln abbrausen und die Pflanze in frischer Erde neu eintopfen.

Schimmelbefall ist zwar ärgerlich, mit den richtigen Hausmittelchen aber in den Griff zu bekommen.

Blattläuse: Bei Zimmerkulturen sind Blattläuse meist klein und grün und deshalb leicht zu übersehen. Du solltest deine Pflanzen also am besten immer mal in Augenschein nehmen, damit du einen Befall frühzeitig entdeckst. Sind die Blattläuse erstmal da, gibt es aber auch hier einige Hausmittelchen, die du wirksam einsetzen kannst.

- Pflanzendusche: Stülpe dazu eine Plastiktüte über den Pflanztopf, denn jetzt wird abgebraust! Halte die Tüte gut zu und dusche den oberirdischen Teil deiner Pflanze ab.

Du solltest auch den Untersetzer mit Wasser abspülen und den Pflanztopf von außen abwischen, um die Blattläuse zu entfernen. Es empfiehlt sich, das Ganze nach einigen Tagen zu wiederholen, falls du nicht alle erwischt hast.

• Oregano-Sud: Übergieße 10 g getrockneten Oregano mit einem halben Liter kochendem Wasser. Lasse diesen „Tee" abkühlen und filtriere ihn anschließend durch ein Sieb. Nun streckst du den Sud im Verhältnis 1 zu 3 mit Wasser und besprühst die befallene Pflanze damit. Denke auch daran, die Blätter von unten zu besprühen. Wiederhole das Ganze alle paar Tage, bis die Blattläuse nach und nach verschwunden sind. Den Sud kannst du 3 Tage im Kühlschrank aufbewahren, dann musst du ihn neu ansetzen.

Bei leichtem Befall durch Blattläuse kann Knoblauch helfen. Schäle dazu einige Knoblauchzehen und stecke sie in die Erde, um den Blattläusen den Garaus zu machen.

TEAMWORK

>> Allein geht es zwar auch, aber viel mehr Spaß macht der neue Indoor-Garten doch, wenn er gemeinsam gestaltet und genutzt wird. Und: Gemeinsamer Genuss ist doppelter Genuss!

Auf einen Plausch zwischen den Tomaten

Wie ist es bei dir im Team? Kannst du dir vorstellen, dass jemand Lust hätte, gemeinsam mit dir den kleinen Indoor-Garten zu gestalten, zu pflegen und die Ernte zu genießen? Falls ja: Toll! Besser kann es nicht laufen. Falls nicht: Auch nicht schlimm, das Interesse wird schon noch geweckt werden. Wenn jemand mit einsteigt, gibt es einige Sachen, über die ihr kurz sprechen solltet, bevor es richtig losgehen kann.

Was kommt in den Indoor-Garten?

Wer mag was gerne, wer mag was gar nicht? Und wie groß soll der Indoor-Garten sein? Brainstormt gemeinsam, was ihr bei euch im Büro anpflanzen wollt. Berücksichtigt dabei auch die Bedingungen, die ihr vor Ort habt (siehe Seite 8–11) und guckt euch am besten gleich schon grob die Standorte aus, die ihr „bepflanzen" könnt. Falls ihr euch in Geschmacksfragen sehr unähnlich seid, probiert doch einfach verschiedene Dinge aus. Vielleicht schmeckt

der Thymian, den deine Kollegin so liebt und den du lange verschmäht hast, selbst angebaut ja doch richtig gut? Versuche offen zu sein und dich nicht auf deine eigenen Vorstellungen zu versteifen. Das gemeinsame Gärtnern soll ja Spaß machen! Unerwartete Dinge sind meistens eine tolle Bereicherung.

Sharing is caring, oder? Dürfen auch unbeteiligte Kolleginnen und Kollegen naschen, sehen sie sicher bald die Vorteile des Indoor-Gartens.

Wie werden Arbeit und Ernte aufgeteilt?

Auch das ist eine wichtige Frage, mit der man, vorausgesetzt sie ist vorher geklärt, Unstimmigkeiten vorbeugen kann. Gute Erfahrungen habe ich damit gemacht, wenn Verantwortlichkeiten und Zuständigkeiten vorher festgelegt werden. Wenn es nur die vage Verabredung gibt „Wir kümmern uns einfach alle um die Pflanzen", dann geht es meistens schief. Wenn man aber sagt „Person 1 ist am Montag und Mittwoch für die Pflanzen verantwortlich, Person 2 am Dienstag und Donnerstag, und am Freitag trifft man sich gemeinsam auf einen Plausch an den Tomaten", dann ist das meistens gut umsetzbar. Das Ganze könnte durch einen Gießkalender begleitet werden, in den jedes Gießen eingetragen wird.

Genauso ist es eigentlich bei der Ernte. Wenn es nur heißt „Alle ernten, wenn sie Lust haben", dann kann das schnell in ein Gefühl der Ungerechtigkeit ausarten. Eine klare Absprache auch hier zu finden, ist deshalb absolut sinnvoll.

Zusammen gärtnern ist viel schöner als alleine. Gegenseitige Absprachen sind wichtig, damit alles rund läuft und die Pflanzen gut versorgt sind.

Und was ist mit Urlaub?

Gut wäre es natürlich, wenn ihr nicht gleichzeitig Urlaub nehmen würdet, damit sich immer mindestens eine Person um die Pflanzen kümmern kann. Solltet ihr gemeinsam Urlaub haben, müsstet ihr eine Vertretung finden, der ihr die Pflanzen anvertrauen könnt.
Alles geklärt?
Dann kann es ja losgehen!

SPROSSEN
& MICROGREENS

Die wohl simpelste Art zu Gärtnern ist der Anbau von Sprossen. Sprossen (auch Keimlinge genannt) sind gekeimte Gemüsesaaten. Das Superfood lässt sich mit kleinem Aufwand sehr kosten- und platzsparend ziehen. Und das macht richtig Spaß! Denn weil es so schnell geht, kannst du den Keimlingen während des Arbeitens quasi beim Wachsen zuschauen.

BUCHWEIZEN-SPROSSEN

>> Buchweizen klingt nach Getreide, dabei hat Buchweizen mit „richtigem" Weizen gar nichts am Hut! Das Knöterichgewächs weist ähnliche Eigenschaften auf wie echtes Getreide, ist aber glutenfrei und somit für Menschen mit Unverträglichkeiten eine interessante Alternative.

Anzucht im Keimglas

Eine beliebte Methode, um verschiedene Sorten von Sprossen zu ziehen, ist die Anzucht im Keimglas. Darin haben Sprossensamen die idealen Bedingungen, um innerhalb weniger Tage zu keimen. Das Keimglas ist im Prinzip ein einfaches Schraubglas mit siebartigem Deckel, das kopfüber und schräg aufgestellt wird, sodass das Wasser gut ablaufen kann. Besonders wichtig ist es, das Glas vorab gründlich zu reinigen, denn in dem feuchten Milieu können sich sonst auch Bakterien und Schimmelpilze entwickeln.

Das Schöne an Sprossen ist: Sie wachsen schnell und sind innerhalb weniger Tage verzehrfertig.

Die Buchweizensprossen sind im Geschmack nussig und dezent süßlich. Die Keimung erfolgt innerhalb weniger Tage, weshalb sie auch für die Anzucht innerhalb einer Arbeitswoche im Büro super geeignet sind. Sprossen brauchen kein direktes Sonnenlicht, der ideale Standort ist eine eher dunkle Ecke in deinem Büro. Im Dunkeln gekeimte Sprossen sind grundsätzlich weniger bitter.

Fülle dein Keimglas maximal zu einem Drittel mit der Saat und lasse diese für etwa 2 bis 3 Stunden in lauwarmem Wasser quellen. Danach lässt du das Wasser durch das Sieb im Deckel ablaufen und spülst den Buchweizen noch einmal mit frischem Wasser durch, bevor du das Glas kopfüber und schräg aufstellst. Du wirst sehen, am Anfang hat der gequollene Buchweizen eine schleimige Konsistenz, das ist völlig normal.

Nun heißt es: Mindestens dreimal täglich spülen, also morgens, mittags, abends. Dazu Wasser einfüllen, schwenken, ablaufen lassen und das Glas wieder verkehrt herum aufstellen. Das Spülen ist nicht nur zur Befeuchtung der Saat wichtig, sondern auch unbedingt notwendig, um Krankheitserreger herauszuschwemmen. Nach nur 3 bis 4 Tagen haben sich die Körner in leckere Buchweizensprossen verwandelt.

Good to know: Die Sprossen sollten zeitnah verzehrt werden. Im Kühlschrank halten sie sich zwar noch 3 bis 4 Tage, aber frisch schmecken sie einfach am allerbesten. Wenn du also zu viel Ernte hast, gib doch den Kolleginnen und Kollegen etwas ab, die freuen sich bestimmt!

OVERNIGHT-MÜSLI
IM GLAS

Der beste Start in den Tag ist für mich ein gesundes Müsli. Es hinterlässt kein unangenehmes Völlegefühl, hält aber lange satt und gibt mir jede Menge Energie. Dein Müsli kannst du abends zu Hause vorbereiten und am nächsten Tag im Büro mit einer frisch geernteten Handvoll Buchenweizensprossen aufpeppen. Der nussige Geschmack der Sprossen passt perfekt zu Porridge, Trockenfrüchten, frischem Obst und Joghurt.

🕐: 5 Minuten am Vorabend, 5 Minuten am Morgen, 5 Minuten vor dem Verzehr

ZUTATEN
Für 1 Portion

5 EL kernige Haferflocken (oder glutenfreie Hirseflocken bzw. Milchreisflocken)

1 EL Leinsamen

1 Msp. Zimt

100 ml Wasser

1 kleiner Apfel

1 kleine Banane

125 g Naturjoghurt

2–3 EL Buchweizen-sprossen

1 EL Sonnen-blumenkerne

1 Die Haferflocken bereits am Vorabend zusammen mit den Leinsamen und dem Zimt in eine Schüssel füllen und alles vermischen. Das Ganze in ein großes Schraubglas (z. B. ein leeres 500-g-Joghurtglas) umfüllen und mit dem Wasser übergießen, sodass es gerade bedeckt ist. Über Nacht in den Kühlschrank stellen.

2 Am nächsten Morgen das Müsliglas aus der Kühlung nehmen. Apfel und Banane in kleine Stücke schneiden. Naturjoghurt, Apfel- und Bananenstücke nacheinander auf die Haferflockenmischung im Schraubglas schichten. Transportsicher verpacken und mit zur Arbeit nehmen.

3 Letzter Feinschliff im Büro: Die Buchweizensprossen waschen und kurz abtropfen lassen. Das Müsli damit garnieren und mit Sonnenblumenkernen verfeinern.

> Magst du es etwas süßer, runde das Müsli mit einem Schuss Agavendicksaft ab oder mische ihn schon vorher in den Joghurt. Magst du es lieber säuerlich, gib einen Spritzer Zitronensaft hinzu.

ERBSENSPROSSEN

>> Klein, grün, rund – Erbsen sind gesund! Wer den Geschmack junger Erbsen mag, wird auch Erbsensprossen lieben. Sie sind eine perfekte Ergänzung für gesundes Essen im Büroalltag.

Anzucht im Keimglas

Erbsensprossen lassen sich im Keimglas heranziehen – ganz ähnlich wie die Buchweizensprossen (siehe Seite 28). Im Grunde bleibt das Prozedere das gleiche wie für den Buchweizen beschrieben, ein paar Unterschiede solltest du jedoch beachten. Vor dem Keimen lässt du die Erbsen länger quellen – idealerweise 8 bis 12 Stunden. Befülle das Keimglas zu einem Drittel mit der Keimsaat und fülle es randvoll mit Wasser. Wenn du das gleich morgens machst, können die Erbsen während deiner Arbeitszeit quellen. Falls du nur halbtags arbeitest, bitte am besten eine Kollegin oder einen Kollegen, dich hier zu unterstützen. Alternativ kannst du die Erbsen auch am Sonntagabend zu Hause in Wasser legen und am Montagmorgen im Büro mit der Anzucht fortfahren.

Nun gießt du das Wasser ab, spülst die Erbsen gut durch und stellst das Glas kopfüber und etwas schräg an einem schattigen Ort in deinem Büro auf. Erbsen sind Dunkelkeimer, weshalb du das Keimglas die ersten 2 Tage zusätzlich mit einem Tuch abdecken solltest.

Jetzt musst du deine Erbsen mindestens dreimal täglich mit Wasser spülen. Nach nur 4 bis 5 Tagen sind deine Erbsensprossen erntereif. Aber Vorsicht: Du darfst sie nicht roh verzehren! Die jungen Erbsensprossen enthalten den giftigen Stoff Phasin.

Erbsensprossen sind superlecker! Sie haben ein ganz mildes Aroma, das an den Geschmack junger Zuckererbsen erinnert.

Damit die Erbsen besser keimen, solltest du sie vorab für 8 bis 12 Stunden in Wasser legen und quellen lassen.

Um die Erbsensprossen zu genießen, entfernst du die Samenschalen mit einer Schere oder einem Messer.

Um genießbar zu sein, müssen sie erst mindestens 5 Minuten blanchiert werden. Auch die Samenschalen solltest du entfernen.

Erbsensprossen sind in der Küche Allrounder. Sie verfeinern Salate, in der asiatischen Küche Gemüsegerichte, in der italienischen Küche Pasta, Risotto oder Polenta und in der „ganz normalen" Brotzeit sind sie das i-Tüpfelchen auf der Schnitte.

Dabei erweisen sie sich als extrem gesund: reich an Ballaststoffen, Vitaminen, Mineralstoffen und Kohlenhydraten, aber ganz arm an Fett.

Einfach das
Schnitzel weglassen
und schon kannst du die
Veggie-Variante genießen.
Beim Belag sind deiner Kreati-
vität keine Grenzen gesetzt.
Belege deinen Bagel
ganz nach deinem
Geschmack.

SESAMBAGEL
MIT ERBSENSPROSSEN UND PUTENSCHNITZEL

Wer denkt, Bagels seien längst out, irrt sich. Mit diesem Rezept feiern sie ihr Comeback! Die Kombination aus frischen Zutaten, saftigem Putenfleisch und dem leckeren Brotkringel ist an sich schon ziemlich gut, die zarten Erbsensprossen jedoch machen sie absolut unwiderstehlich. Ihr Geschmack erinnert ein wenig an Spargel, die Konsistenz aber ist knackig und saftig – mmh!

⏱: 15 Minuten. Für dieses Rezept benötigst du einen Herd.

1 Ei aufschlagen und in einem Teller mit einer Gabel verquirlen. In einem zweiten Teller Paniermehl ausstreuen. Putenschnitzel weichklopfen, mit Salz und Pfeffer würzen und zuerst im Ei, dann im Paniermehl schwenken.

2 Das Öl in einer Pfanne erhitzen und das Putenschnitzel darin für ca. 3 Minuten pro S. knusprig braten. In der Zwischenzeit Rucola waschen und gut abtropfen lassen. Die Salatgurke abwaschen, abtrocknen und 5 Scheiben davon abschneiden. Erbsensprossen ernten, Hülsen entfernen und in einem Topf mit kochendem Wasser mindestens 5 Minuten blanchieren. Danach in ein Sieb geben und gut abtropfen lassen.

3 Bagel aufschneiden, die untere Hälfte mit Kräuterfrischkäse und die obere Hälfte mit Gemüseaufstrich bestreichen. Die untere Bagelhälfte nacheinander mit Rucola, Gurken und dem Schnitzel belegen. Zitronensaft auf das Schnitzel träufeln, die Erbsensprossen darauf verteilen und den Bagel zuklappen.

4 Aus dem restlichen Ei kannst du ein kleines Rührei braten.

ZUTATEN
Für 1 Bagel

1 Ei
2 EL Paniermehl
1 Bio-Putenschnitzel, ca. 130 g
Salz, Pfeffer
1 EL Bratöl
10 g Rucola
¼ Salatgurke
2 EL Erbsensprossen
1 Sesambagel, frisch vom Bäcker oder alternativ aus dem Brotregal im Supermarkt
1 EL Kräuterfrischkäse
1 EL Gemüseaufstrich Mango/Curry
1 Spritzer Zitronensaft

KRESSE

>> Einfach gärtnern, einfacher gärtnern, Kresse anbauen! Denn Kresse ist ein Erfolgsgarant. Sogar wenn dein Alltag gerade super-stressig ist und du deiner Kresse kaum Aufmerksamkeit schenken kannst: Sie wird trotzdem gedeihen. Dafür musst du nur ein paar Kleinigkeiten beachten.

Anzucht in der Keimschale

Kresse gehört streng genommen nicht zu den Sprossen, sondern ist der wohl bekannteste Vertreter der Micro-greens. So nennt man Keimlinge, die schon etwas weiter gewachsen sind. Um Microgreens anzubauen, benötigst du normalerweise Anzuchterde oder ein anderes Substrat. Du kannst aber auch eine Keimschale verwenden. Das klappt super und hat den Vorteil, dass man später beim Verzehr keine Erd-körnchen zwischen den Zähnen hat.

Du findest Keimschalen im Inter-net auch unter den Bezeichnungen „Kresseschale", „Sprossensieb" oder „Kressesieb". Im Grunde handelt es sich dabei um eine flache Keramik-schale mit einem dazu passenden Edelstahlsieb. Das Tolle daran: Du kannst die Vorrichtung immer wieder benutzen und benötigst kein Substrat. Die Kresse bleibt beim Anbau sauber und kann theoretisch mitsamt der Wurzel verzehrt werden.

Keimschalen gibt es übrigens in unterschiedlichen Größen und sie können auch für andere Microgreens benutzt werden. So kannst du je nach Bedarf die richtige Menge Kresse für dich anbauen oder in mehreren klei-nen Schalen verschiedene Sprossen gleichzeitig austesten.

In einer Keimschale werden die Samen auf dem Sieb über der mit Wasser gefüllten Schale zum Keimen gebracht. Bevor die Kressesaat jedoch

Nach dem Quellen werden die feinen Samen gleichmäßig auf dem Sieb verteilt. Aber Vorsicht, sie dürfen nicht austrocknen!

auf das Sieb kommt, solltest du sie etwa 15 Minuten in Wasser quellen lassen. Je nach Größe der Keimschale brauchst du 1 bis 3 Teelöffel Samen. Nach dem Quellen verteilst du diese gleichmäßig auf dem Sieb und spülst sie nochmal vorsichtig unter fließendem Wasser.

Wichtig beim Anbau von Kresse ist, dass Samen und Pflänzchen nie austrocknen. In den ersten 2 Tagen solltest du die Samen deshalb mindestens zweimal am Tag mit einer Sprühflasche wässern. Hast du einen Glasdeckel oder Ähnliches zur Hand, kannst du die Schale auch abdecken, um ein Austrocknen zu verhindern. Sobald die Wurzeln durch das Sieb gewachsen sind, musst du es mitsamt der Kresse zweimal täglich spülen und das Wasser in der Schale einmal täglich wechseln.

Auch dekorativ hat die Kresse einiges zu bieten: Sie verleiht deinem Arbeitsplatz das gewisse grüne Etwas.

Deine Kresse ist erntereif, sobald die grünen Pflänzchen etwa 3 cm in die Höhe gewachsen sind. Das wird nach wenigen Tagen so weit sein. Spüle das Sieb nochmal unter fließendem Wasser ab und zupfe die Pflanzen mitsamt der Wurzeln aus dem Sieb. Wenn du die Wurzeln nicht mitessen möchtest, kannst du die Kresse auch mit einer Schere abschneiden. Kresse schmeckt leicht scharf und eignet sich besonders zum Würzen von Quark, Salaten oder als Topping auf Suppen oder einem Brot.

KRASSES **PESTO**

Ich liebe Pesto! Nicht nur auf Pasta ist Pesto ein Gedicht, auch zwischendurch als Dip zu Brot oder Rohkost ist es wunderbar geeignet. Ein Pesto aus Kresse schmeckt nicht nur toll, sondern liefert dir außerdem eine Extraportion gesunder Nährstoffe. Umso besser also, dass du für dieses leckere Gericht nur wenige Zutaten benötigst und es superschnell zubereiten kannst – auch im Büro. Du musst lediglich daran denken, dir einen Pürierstab von zu Hause mitzubringen.

 10 Minuten

ZUTATEN
Für 2 Portionen

1 Handvoll Kresse
1 Bund Basilikum
1 Knoblauchzehe
½ Zitrone
50 g Parmesan, gerieben
2 EL Pinienkerne
80 ml Olivenöl
Salz
½ Baguette
Cocktailtomaten

1 Die Kresse auf dem Sieb kurz abspülen und anschließend ernten. Einen kleinen Teil davon für die Dekoration zur S. legen, den Rest in einen Messbecher füllen. Basilikum unter fließendem Wasser abwaschen und abtropfen lassen, Knoblauch schälen und die halbe Zitrone auspressen.

2 Basilikumblätter abzupfen und zur Kresse in den Messbecher geben. Knoblauch, Zitronensaft, Parmesan, Pinienkerne und Olivenöl hinzufügen und alles mit dem Pürierstab zu einem Dip verarbeiten. Mit Salz abschmecken und in ein Schälchen füllen.

3 Das Pesto abschließend noch mit der restlichen Kresse garnieren. Cocktailtomaten waschen, Baguette aufschneiden und alles zusammen genießen.

> Ernte von der Kresse immer nur so viel, wie du gerade benötigst. Kresse ist zwar auch am nächsten Tag noch genießbar, baut aber innerhalb kürzester Zeit ihre gesunden Inhaltsstoffe ab.

MUNGBOHNEN-SPROSSEN

>> Die Mungbohne, auch bekannt als „grüne Sojabohne", kennst du mit Sicherheit aus der asiatischen Küche. Die knackigen Sprossen werden vor allem für ihren nussigen, etwas süßlichen Geschmack geschätzt.

Anzucht im Keimturm

Mungbohnensprossen, auch Mungobohnensprossen genannt, sind wie alle Sprossen üppige Eiweißquellen und dazu voller Vitamine. Der perfekte Begleiter also für schnell zubereitete, aber vollwertige Mittagsgerichte und ein Energiebooster für (je)den Tag!

Du kannst Mungbohnensprossen hervorragend im Keimglas ziehen (siehe Seite 28), aber auch in einem Keimturm (bzw. Sprossenturm oder Sprossenhaus). Meist besteht ein Keimturm aus 3 übereinandergesetzten Keimschalen mit Abfluss plus einer Auffangschale für Wasser und einem Deckel. Diese Methode eignet sich perfekt, wenn du mal mehrere Sprossensorten gleichzeitig bzw. eine größere Menge mit zeitversetzter Ernte ziehen möchtest. Damit du diese Variante der Sprossenanzucht ebenfalls kennenlernst, stelle ich sie dir am Beispiel der Mungbohnensprossen vor.

Genau wie die Erbsen (siehe Seite 32) musst du auch die Mungbohnen 8 bis 12 Stunden in Wasser quellen lassen, bevor du mit der Anzucht im Keimgerät beginnst. Derweil kannst du dir ja schon einmal einen passenden Ort für deinen Keimturm ausgucken. Auch für Mungbohnen ist ein eher dunkler Ort geeignet – also kein direktes Sonnenlicht bitte, sondern lieber ein schattiges Plätzchen. Benutzt du einen Keimturm, sind die Mungbohnen automatisch vor zu viel Licht geschützt.

Nach dem Abgießen des Wassers spülst du die Saat noch einmal gründlich ab und verteilst sie dann gleichmäßig auf einer Etage im Keimturm. Spüle von nun an dreimal am Tag die Bohnen ab, indem du die entsprechende Etage des Turms abnimmst und mit der Gießkanne gießt oder unter fließendes Wasser hältst. Ist das meiste Wasser abgelaufen, kannst du die Etagen wieder aufeinandertürmen, restliches Wasser tropft dann in die Auffangschale ab. Spüle und reinige diese auch täglich mit Wasser. Achte darauf, dass alle Samen gleichmäßig feucht sind, eventuell kannst du sie nach dem Spülen noch ein wenig mit den Fingerspitzen verteilen. Aber Achtung: Händewaschen vorher nicht vergessen!

Nach 3 bis 5 Tagen können die Sprossen bereits geerntet werden. Zwar dürfen Mungbohnensprossen in der Theorie roh verzehrt werden, besser verträglich sind sie allerdings, wenn du sie vor dem Verzehr blanchierst. Achte am besten auch immer auf die Hinweise auf der Samenpackung, dann machst du garantiert nichts verkehrt.

Die Saat muss regelmäßig gespült werden und darf nie ganz austrocknen. Das geht mit einer Gießkanne oder unterm Wasserhahn.

Die Sprossen enthalten viel Eiweiß und sind deshalb äußerst gesund. In der Kombination mit den anderen Zutaten bedeutet das ein Mittagessen, das keine Wünsche offenlässt.

ASIATISCHER
SPROSSENSALAT

Schon wieder Salat zum Mittagessen? Ja, aber was für einer! Dieser asiatische Sprossensalat ist lecker, gesund und macht auch noch richtig satt. Ich bin mir sicher, er wird dir eine Mittagspause voller Genuss bescheren.

🕐 15 Minuten

1 Die Glasnudeln in eine Schüssel füllen, mit kochend heißem Wasser übergießen und 10 Minuten ziehen lassen. Danach durch ein Sieb abseihen, abtropfen und gut abkühlen lassen.

2 Mungbohnensprossen ernten und blanchieren oder mit kochend heißem Wasser übergießen und 3 Minuten ziehen lassen. Anschließend in einem Sieb abgießen und mit kaltem Wasser abspülen.

3 Die Frühlingszwiebel waschen und in feine Stücke schneiden. Abgekühlte Glasnudeln, Sprossen und Frühlingszwiebel in einer Salatschüssel vermischen und den Sesam hinzufügen.

4 Für das Dressing in einem Schälchen Sojasoße und Sesamöl verrühren und Chiliflocken untermischen. Das Dressing über den Salat gießen und alles miteinander vermengen. Den Salat entweder direkt verzehren oder für einen noch intensiveren Geschmack vorher 1 Stunde im Kühlschrank ziehen lassen.

ZUTATEN
Für 1 Portion

Für den Salat:
200 g Glasnudeln
3 EL Mungbohnensprossen
1 Frühlingszwiebel
1 Prise Chiliflocken
1–2 EL Sesam

Für das Dressing:
3 EL Sojasoße, salzig
2 EL Sesamöl

ROTE-BETE-SPROSSEN

>> Das schmeckt herrlich nach Garten: Rote Bete hat immer einen leicht erdigen Geschmack, der sich auch bei den Sprossen wiederfindet. Ich bin ein großer Fan von Roter Bete und kann dir die Anzucht der Sprossen wärmstens empfehlen!

Anzucht im DIY-Keimglas

Keimglas, Keimschale, Keimturm – für die Sprossenanzucht gibt es verschiedene Utensilien zu kaufen, die meiner Meinung nach alle ihre Berechtigung haben. Doch natürlich musst du nicht immer gleich alles neu kaufen. Ein Keimglas lässt sich auch im Handumdrehen selbst herstellen. Alles, was du dafür brauchst, ist ein großes, leeres Schraubglas, ein Stück Fliegenschutznetz und ein Gummiband, um dieses als „Deckel" am Glas zu befestigen. Alternativ

kannst du auch kleine Löcher in den Schraubglasdeckel bohren. Wichtig ist, dass du später das Keimgefäß schräg kopfüber aufstellst, damit das Wasser abtropft und nicht im Glas stehen bleibt, sonst verderben deine Sprossen. Baue dir dafür zum Beispiel aus stabiler Pappe ein Gestell, in welches sich das Glas etwas geneigt und mit dem Deckel nach unten einsetzen lässt. Das Ganze stellst du dann auf einen Teller. Eine andere Möglichkeit bietet ein Abtropfgestell in der Büroküche, wo du das Keimglas einfach schräg und verkehrt herum platzieren kannst. Praktisch: So ist der Weg zum Wasserhahn auch nicht weit.

Bevor du mit der eigentlichen Anzucht beginnen kannst, musst du die Rote-Bete-Saat für 8 bis 12 Stunden quellen lassen. Dann gehst du genauso vor wie beim Ansatz zur Keimung von Buchweizensprossen im Keimglas beschrieben (siehe Seite 28). An einem eher dunklen Ort bei einer

Es muss nicht immer alles gekauft werden: Keimgläser sind auch im Handumdrehen selbst gebastelt.

Idealtemperatur von 20 °C keimen die Sprossen nach etwa 5 Tagen. Im Homeoffice kannst du mit dem Ernten eventuell noch einen Tag warten, dann sollten auch wirklich alle Samen gekeimt sein. Wenn es nun so weit ist, trennst du vorsichtig die Sprossen von den Samen, indem du diese mit den Fingern „abzuppelst".

Baust du die Rote-Bete-Sprossen im Büro an, macht es in Anbetracht der relativ langsamen Keimung Sinn,

die Samen bereits am Sonntag zu Hause quellen zu lassen, die Woche über dann im Büro zu pflegen und die Sprossen am Freitag (am besten zusammen mit netten Kolleginnen und Kollegen) mittags zu verzehren.

Die Samenschalen der Sprossen lassen sich wunderbar mithilfe einer Salatschleuder entfernen.

FARBENFROHER WRAP

Gute Laune in der Mittagspause! Man sagt, dass Rote-Bete-Sprossen eine stimmungsaufhellende Wirkung haben. Du kannst es ja mal testen ... Gesund sind sie auf jeden Fall, schmecken tun sie hervorragend und durch ihre knallige Farbe sind sie ein echter Hingucker. Für die Zubereitung dieses Wraps brauchst du neben den frischen Zutaten lediglich eine Mikrowelle. Dann kann es auch schon losgehen.

 10 Minuten

ZUTATEN
Für 1 Wrap

1 Handvoll grüner Salat

1 Bio-Möhre, geraspelt

1–2 EL Rote-Bete-Sprossen

½ Avocado

1 Wrap

2 EL Kräuterfrischkäse

1 Spritzer Zitronensaft

1 EL Pinienkerne

Salz

1 Salat waschen, abtropfen lassen und klein rupfen. Die Möhre waschen und mithilfe einer Reibe raspeln oder mit einem Messer in feine Sticks schneiden. Rote-Bete-Sprossen abwaschen und gut abtropfen lassen.

2 Avocado halbieren und die Hälfte ohne Kern in Scheiben schneiden. Die andere Hälfte mitsamt Kern abdecken und zurück in den Kühlschrank legen, so bleibt sie frisch und läuft nicht braun an.

3 Den Wrap auf einem flachen Teller in der Mikrowelle erwärmen. Mit Kräuterfrischkäse bestreichen. Salat und geraspelte bzw. in Sticks geschnittene Möhren darauf verteilen. Die Avocadoscheiben mit einem Löffel von der Schale befreien, ebenfalls auf den Wrap legen und mit einem Spritzer Zitrone beträufeln.

4 Die Rote-Bete-Sprossen und Pinienkerne darüber verteilen. Nach Bedarf salzen. Wrap zusammenrollen und genießen!

Wraps kann man in der Regel nicht einzeln kaufen. Vielleicht fragst du nach, ob jemand Lust auf ein leckeres gemeinsames Mittagsmahl hat? In netter Gesellschaft schmeckt es meist sowieso noch besser!

SALATE

Locker, leicht und superlecker! Bei mir steht frischer Salat ganzjährig auf der Speisekarte. Nicht nur das Angebot an Rezepten ist unfassbar vielfältig, sondern allein schon die Auswahl an Sorten. Aber wusstest du schon, wie einfach du dir die knackigen Blätter direkt in Reichweite selbst ziehen kannst? Hier findet sich für jeden Geschmack das passende Salatblatt.

KAPUZINERKRESSE

>> Dass die orangeroten Blüten der Kapuzinerkresse essbar sind, hat sich wohl schon herumgesprochen. Aber auch die jungen Blätter schmecken ganz vorzüglich. Aus der Kombination von beidem lässt sich ein herrlich bunter Salat kreieren. Note: würzig. Die Pflanzenteile enthalten viel Vitamin C und sind äußerst gesund.

Auf dem Balkon im Kübel

Die Kapuzinerkresse ist pflegeleicht und lässt sich unproblematisch an verschiedenen Orten anbauen. Am besten geeignet ist meiner Erfahrung nach ein helles Plätzchen draußen. Gibt es bei euch vielleicht einen kleinen Balkon, auf dem die Pflanze gedeihen darf? Das Besondere an der Kapuzinerkresse ist, dass sie sehr ausladend wächst und mit ihren Trieben in alle Richtungen rankt. Im Kübel angepflanzt, kann sie am Geländer herunterwachsen und den Balkon mit ihrem satten Grün und den leuchtenden Blüten in eine Wohlfühloase verwandeln.

Wichtig ist, dass der Standort sehr hell ist. Denn stimmt das Verhältnis von Licht und Wärme nicht, schießen die Pflanzen gleich am Anfang in die Höhe und bekommen lange, instabile Stiele. Dieses sogenannte „Vergeilen" liegt daran, dass die Pflanze die Sonne sucht und ihr mit aller Kraft entgegenwächst. Aber Vorsicht: Pralle Mittagssonne tut der Kapuzinerkresse nicht gut.

Für eine frühere Ernte kannst du die Kapuzinerkresse bereits im April drinnen vorziehen und Mitte Mai nach draußen umpflanzen.

An den Boden hegt die Pflanze keine besonderen Ansprüche, nur zu nährstoffreich darf er nicht sein. Für dich bedeutet das: Weniger Arbeit, denn du musst nicht düngen! Der perfekte Zeitpunkt für die Aussaat ist im Mai nach dem letzten Frost. Damit die Samen schneller keimen, kannst du sie vor der Aussaat über Nacht in Wasser quellen lassen. Stecke sie dann 1 bis 2 cm tief in die Erde und halte einen Pflanzabstand von etwa 20 cm ein. Gieße regelmäßig und achte darauf, dass die Erde nie vollständig austrocknet.

Nach 7 bis 10 Tagen wirst du deine ersten Keimlinge entdecken. Ab jetzt also fröhlich weiter wässern (aber nicht zu viel!) und warten, bis die Kapuzinerkresse in voller Pracht erblüht. Du wirst sehen: Die Pflanze wächst schnell, üppig und ist wunderhübsch anzusehen. Wenn du willst, dass sie in eine bestimmte Richtung wächst, dann gib ihr diese ruhig vor.

Die Blätter und Blüten der Kapuzinerkresse sind essbar und schmecken überraschend scharf.

Welke Blätter schneidest du am besten mit einer Schere ab. Geerntet werden kann zwischen Juli und Oktober immer wieder, denn die Pflanze wächst üppig nach, wenn man nur einzelne Blüten und Blätter erntet.

WÜRZIGER
SOMMERSALAT

Solange die Kapuzinerkresse blüht, verwende ich die Blüten für alles Mögliche: als Topping auf Schnitten, zum Dekorieren von Torten, als schwimmendes Highlight in Drinks und für vieles mehr. Ich empfehle, die Kapuzinerkresse zusammen mit anderen, milderen Salatsorten zu kombinieren. Dann kommt die würzig-scharfe Note in richtigem Maße zur Geltung.

🕑 15 Minuten

1 Vom Kopfsalat den Strunk herausschneiden, die Blätter waschen und in mundgerechte Stücke zupfen. Die jungen Kapuzinerkresse-Blätter, ebenfalls waschen und klein schneiden. Beides in eine Schüssel füllen.

2 Radieschen, Gurke, Frühlingszwiebel und Apfel abwaschen, in kleine Stückchen schneiden und zu den anderen Zutaten in die Schüssel geben.

3 Die Zutaten für das Dressing in ein Dressingglas füllen, das Ganze ordentlich durchschütteln und vor dem Servieren über den Salat gießen. Sonnenblumenkerne und die bunten Kapuzinerkresse-Blüten darüber streuen. Mit Croûtons garnieren.

> Hast du direkt eine größere Menge vorbereitet, begieße den Salat noch nicht mit Dressing, sondern bewahre beides separat im Kühlschrank auf. So bleibt der Salat noch mindestens einen Tag frisch.

ZUTATEN
Für 1 Portion

Für den Salat:
¼ Kopfsalat
1 Handvoll junge Kapuzinerkresse-Blätter
¼ Bund Radieschen
¼ Gurke
1 Frühlingszwiebel
½ Apfel
1 TL Sonnenblumenkerne
10 Kapuzinerkresse-Blüten (oder mehr)
Croûtons

Für das Dressing:
5 EL Olivenöl
2 EL Balsamico-Essig
1 TL Senf
1 TL Gelee oder Marmelade
1 Schuss Agavendicksaft
Saft von ½ Zitrone
Salz, Pfeffer

ROMANASALAT

>> Einen Salatkopf im Büro anbauen? Klingt irgendwie verrückt, ist aber ganz einfach. Stichwort: Regrowing. Mit dem frisch geernteten Salat kannst du dann das ganze Team versorgen. Steht im Sommer ein Grillfest an, zauberst du eine große Schüssel Salat für alle!

Regrowing

Übersetzt heißt Regrowing so viel wie „nachwachsen lassen". Der Trend, Gemüse, Obst und Kräuter aus Küchenabfällen nachwachsen zu lassen, hat sich aus der Zero-Waste-Bewegung entwickelt und fand in den letzten Jahren den Weg in unsere heimischen Küchen. Zu Recht! Denn die Technik ist äußerst praktisch und ressourcensparend. Mit ein wenig Geschick kannst du zum Beispiel den Strunk deines Salates einfach wieder nachwachsen lassen, anstatt ihn wegzuwerfen. Einige Wochen später ist schon ein neuer Salat erntebereit.

It's magic! Mit der Regrow-Technik wächst aus deinem Salatstrunk ein dicker, neuer Salatkopf.

Zunächst einmal brauchst du natürlich einen Salat. Sehr gut für die Regrow-Technik eignet sich Romanasalat, den du im Supermarkt oder auf dem Markt entweder als großen Salatkopf oder als knackige Salatherzen bekommst. Das Gute an den Romana-Herzen: Sie passen in kleinere Pflanzgefäße.

Den gekauften Salat kannst du dann erst einmal essen. Wenn du ihn zubereitest, schneidest du den Strunk nur etwas großzügiger ab als gewohnt. Stelle den Strunk dann in ein Glas, in das du etwas Wasser füllst. Von nun an solltest du täglich das Wasser wechseln; für das Wochenende ist es ausreichend, wenn du Freitagnachmittag zum Feierabend und Montagmorgen zum Arbeitsbeginn das Wasser erneuerst.

Nach etwa 2 Wochen hat der Strunk neue Wurzeln gebildet und du kannst oben schon frisches Grün herauswachsen sehen. Das ist der ideale Zeitpunkt, ihn in ein Pflanzgefäß

Immer wieder ein besonderer Moment, der dich für deine Mühen belohnt: Die Ernte steht an.

mit Erde umzutopfen. Achte darauf, dass du den Strunk nicht zu tief einsetzt, die neuen Blätter dürfen nicht mit Erde bedeckt werden. Nun heißt es: Ab damit auf die Fensterbank und immer schön weiter gießen. Der Salat mag es hell und sonnig.

Nach wenigen Wochen hat dein Romanasalat eine beachtliche Größe erreicht und du kannst ihn ernten. Vielleicht steht ja im Büro ein besonderes Event an, sodass du passend dazu deinen selbst angebauten Salat kredenzen kannst?

> Ernte den Salat als Ganzes, indem du ihn mit einem scharfen Messer köpfst, oder zupfe einzelne Blätter von außen ab. Ist der Salat gut angewurzelt, wird er so oder so wieder neu nachwachsen.

CEASAR SALAD

Klassisch gut: Das ist der italo-amerikanische Ceasar Salad, wie man ihn kennt. Gerade der knackige, aber geschmacklich recht milde Romanasalat eignet sich hervorragend dafür. Denn der Clou bei diesem Salatgericht ist das Dressing! Das Gute: Du kannst es zu Hause vorbereiten und brauchst im Büro dann nur noch den frischen Salat zu ernten. Ein paar Croûtons und etwas Parmesan dazu – und schon ist er fertig, dein leckerer Ceasar Salad.

🕒 10 Minuten

ZUTATEN
Für eine große Salatschüssel

Für den Salat:
1 Kopf Romanasalat
100 g Parmesan, grob gerieben
Croûtons zum Garnieren

Für das Dressing:
150 g Mayonnaise
1 Knoblauchzehe
3 Sardellenfilets, in Öl eingelegt
10 ml Gewürz-gurkensud
15 g Parmesan, fein gerieben
50 g Schmand
Salz, Pfeffer

1 Für das Dressing die Mayonnaise in einen Messbecher geben. Den Knoblauch schälen, grob in Stücke schneiden und zusammen mit den Sardellenfilets, dem Gewürz-gurkensud und dem fein geriebenen Parmesan zur Mayon-naise geben. Das Ganze mit einem Pürierstab pürieren.

2 Den Schmand unterrühren und mit Salz und Pfeffer abschmecken. Falls das Dressing zu dickflüssig ist, einen Schuss Milch oder noch mehr von dem Gewürz-gurkensud hinzufügen.

3 Aus dem frisch geernteten Salat den Strunk herausschnei-den, die Blätter in Stücke schneiden, waschen und trocken schleudern. In einer großen Schüssel mit dem Dressing vermengen. Mit grob geriebenem Parmesan verfeinern und mit Croûtons garnieren.

Der weltberühmte Ceasar Salad ist benannt nach dem Erfinder Cesare Cardini. Er war es, der zuerst Romana-salat, Croûtons und Parmesan mit einem Dressing aus Olivenöl, Eigelb und Knoblauch mischte.

PFLÜCKSALAT

>> Wer wünscht sich nicht einen Salat, der unkompliziert wächst, wenig Pflege braucht und den man immer wieder ernten kann? Pflücksalate wie etwa der Lollo Rosso können auch auf der Fensterbank angebaut werden.

Pflücksalat aussäen

Das Schöne an Pflücksalaten ist, dass man keinen ganzen Salatkopf auf einmal ernten muss, sondern immer nur so viele Blätter pflücken kann, wie man benötigt. So ist der Salat auf dem Teller immer frisch. Praktischerweise wird der Pflücksalat durch die Ernte weiter zum Wachsen angeregt und bildet wieder neue Blätter aus.

> Möchtest du nicht so lange auf die Ernte warten? Anstatt den Pflücksalat auszusäen, kannst du dir in der Gärtnerei auch vorgezogene Setzlinge kaufen und diese in einem Topf kultivieren.

Pflücksalat kannst du ohne viel Aufwand aus Samen ziehen. Fülle dazu einen Pflanztopf mit Anzuchterde, feuchte diese an und setze das Ganze auf einen Unterteller. In einen Topf mit 15 cm Durchmesser solltest du höchstens 3 Samen aussäen. Wenn du zeitversetzt in mehreren Töpfen Salat anbaust, dann kannst du öfter ernten!

Alle Salatpflanzen sind Lichtkeimer, das heißt, dass die Samen nicht mit viel Erde überdeckt, sondern nur leicht darauf gedrückt werden. Besprühe sie reichlich mit Wasser und halte auch später die Erde immer schön feucht. Gerade am Anfang ist

Ressourcenschonend gärtnern: Für die Anzucht im Büro verwandeln sich Kaffeebecher in Pflanzgefäße.

Zupfe einzelne Blätter von außen ab, dann wächst dein Salat noch lange üppig weiter.

eine Temperatur von etwa 20 °C ideal. Falls es die Außentemperatur zulässt und du die Möglichkeit hast, deinen Topf ans offene Fenster zu stellen, mach das gerne. Frische Luft und vor allem viel Sonnenlicht tun dem Salat gut! Ist es bei dir im Büro eher dunkel, solltest du mit einer Pflanzenlampe nachhelfen.

Nach 1 bis 2 Wochen zeigen sich die ersten Blätter und dein Salat gewinnt stetig an Kraft. Nach etwa 3 Wochen solltest du ihn zum ersten Mal mit frischen Nährstoffen versorgen. Beim Dünger achte bitte darauf, dass dieser frei von Giften und am besten geruchsneutral ist. (Deine Kolleginnen und Kollegen danken es dir!)

Nach 5 bis 6 Wochen sollte dein Salat eine Höhe von mindestens 10 cm erreicht haben. Jetzt kannst du anfangen zu ernten: Pflücke dabei die äußeren, großen Blätter ab und achte darauf, das Herz des Salates nicht zu verletzen. Auch darfst du am Anfang nicht zu viel auf einmal entnehmen, damit die Pflanze noch genug Kraft zum Nachwachsen hat. Ein guter Erntezeitpunkt ist der frühe Vormittag. Da ist der Wassergehalt am höchsten und der Salat am saftigsten.

Was die Bowl ausmacht, ist, dass man alle Zutaten einzeln gut erkennen kann und sie nicht vermischt sind. Ansonsten gilt: Alles kann, nichts muss! Tobe dich also richtig aus und kreiere deine Bowl ganz nach deinen Wünschen.

KUNTERBUNTE BOWL

Ich war erst skeptisch gegenüber dem Food-Trend „Bowl". Im Grunde ist es ja ähnlich einem Salat, nur dass die Zutaten nicht gemischt, sondern einzeln hübsch in einer Schüssel angerichtet werden. Inzwischen hat mich aber diese andere Art, leckere Zutaten zu kombinieren, vollends überzeugt. Nebeneinander schmeckt einfach doch ganz anders als durcheinander! Probier's am besten selbst mal aus ...

🕐 ca. 30 Minuten am Vorabend für den Reis, 20 Minuten zum Schnippeln und Herrichten

1 Den Sushi-Reis nach der Anleitung auf der Verpackung kochen – entweder am Vorabend zu Hause oder mittags im Büro. Noch warmen Reis mit feuchten Händen zu kleinen Kugeln formen und in Sesam schwenken. Erkalten lassen.

2 Die Edamame-Erbsen aus der Kühlung nehmen, in eine Schüssel füllen und in der Mikrowelle kurz erhitzen oder einfach so auftauen lassen. Den Salat waschen und abtropfen lassen. Gurke und Paprika waschen und mit einem scharfen Messer nach Belieben in kleine Stücke (z. B. Sticks oder Würfel) schneiden. Mango schälen und das Fleisch mit dem Messer oder einem Sparschäler in hauchdünne Scheiben schneiden. Avocado halbieren. Die Hälfte mit dem Kern abdecken und zurück in den Kühlschrank legen, die andere Hälfte mit der Schale in Scheiben schneiden.

3 Für das Dressing Erdnussbutter und Olivenöl vermischen.

4 Nun geht's ans Herrichten: Die Salatblätter unten in die Schüssel legen. Darüber Reisbällchen, Gurkensticks und Paprikastückchen nebeneinander verteilen. Die Avocado mit einem Löffel aus der Schale lösen und aufgefächert in der Bowl anrichten. Die Mangoscheiben zu Röschen formen und ebenfalls in der Schüssel platzieren. Zum Schluss die Edamame-Erbsen zum Garnieren verwenden. Die Bowl mit Dressing beträufeln.

ZUTATEN
Für 1 Bowl

Für die Bowl:

75 g Sushi-Reis

3 EL Sesam

50 g Edamame, tiefgekühlt und vorgekocht

6 Blätter Pflücksalat, frisch geerntet

¼ Gurke

½ rote Paprika

¼ Mango

½ Avocado

Für das Dressing:

3 EL Erdnussbutter, gesalzen (je nach Geschmack mit oder ohne Stückchen)

2 EL Olivenöl

RUCOLA

>> Wohlbekannt ist Rucola aus der italienischen Küche, wo er oft Pasta oder Pizza schmückt. Ob als Belag oder als Hauptakteur in der Salatschüssel, der nussige, leicht scharfe Geschmack ist ein ganz besonderer Gaumenschmaus.

Gesunde Rauke

Rucola ist auch bekannt als Wilde Rauke oder Senfrauke. Wer einmal von den scharfen Blättchen gekostet hat, will sie in der Küche nicht mehr missen. Auch gesund ist dieser besondere Salat: Die grünen Blätter enthalten viel Calcium und Senföle, die auch als die „natürlichen Antibiotika" gelten.

Das Schöne an Rucola ist, dass man ihn indoor ganzjährig pflanzen kann. Wichtig ist ein Platz mit viel Licht, zum Beispiel auf der Fensterbank. Bei Lichtmangel verkümmern die Pflanzen nicht unbedingt gleich, aber der Nitratgehalt in den Blättern nimmt zu – und das wiederum wäre nicht gesund für dich. Kuschelig warm

Alles, was die Pflanze zum Wachsen braucht, ist Licht, Wasser und ein bisschen Liebe.

muss es auf der Fensterbank nicht sein, Rucola gedeiht auch wunderbar bei kühleren Temperaturen (10 bis 20 °C). Um für eine ausreichende Belüftung zu sorgen, solltest du das Fenster regelmäßig öffnen und den Pflanzen etwas Frischluft gönnen.

Es ist immer gut, schon alles vorbereitet zu haben, wenn man das feine Saatgut zwischen den Fingern hält. Fülle also vorab einen Pflanztopf oder eine längliche Pflanzschale mit Anzuchterde und feuchte diese an. Wähle geeignete Pflanzgefäße, in denen das Wasser gut ablaufen kann, damit sich keine Staunässe bildet. Verteile die Samen gleichmäßig oder in einer dichten Reihe und bedecke sie nur ganz dünn mit Erde.

Stelle den Topf auf die Fensterbank und halte die Erde immer feucht. Schon nach etwa 2 Wochen siehst du die ersten zarten Keimlinge, die nun täglich an Größe gewinnen. Wenn du den Eindruck hast, dass dein Rucola zu eng wächst und sich die Pflänzchen gegenseitig behindern, kannst du das Ganze noch etwas ausdünnen und einzelne Pflänzchen vorsichtig herauszupfen.

Mehrmals ernten: Wenn du höchstens ein Drittel der Blätter auf einmal erntest, hat deine Pflanze genug Kraft um nachzuwachsen.

Nach 3 bis 4 Wochen sollten die ersten Blätter deines Rucola die ideale Verzehrgröße von 10 bis 15 cm erreicht haben. Jetzt kannst du zum ersten Mal ernten! Pflücke nur die äußeren Blätter ab anstatt alle auf einmal. Und: Nicht zu weit unten abschneiden bzw. abzupfen. Dann wächst dein Rucola weiter und du kannst ihn bis zu dreimal ernten.

SPAGHETTI DI RUCOLA

Wer kennt ihn nicht, den italienischen Klassiker Spaghetti Aglio e Olio? Ich liebe dieses einfache, deftige Gericht und verfeinere es gerne mit zwei weiteren Zutaten: eingelegten Tomaten und frischem Rucola. Am allerliebsten selbst angebaut und frisch geerntet. Wenn du im Büro nur eine Mikrowelle hast, kannst du die Spaghetti am Abend zu Hause vorkochen.

 15 Minuten

ZUTATEN
Für 1 Portion

150 g Spaghetti
1 Knoblauchzehe
3 EL Olivenöl
80 g Rucola
5 in Öl eingelegte getrocknete Tomaten
80 g Feta
1–2 EL Pinienkerne
1–2 EL Parmesan, gerieben

1 Entweder am Vorabend zu Hause oder mittags im Büro die Spaghetti nach Packungsangabe in einem Topf auf dem Herd zubereiten und dann abgießen. Den Knoblauch schälen und klein hacken. Das Olivenöl in einer Pfanne erhitzen und den Knoblauch darin kurz anschwitzen. Die Spaghetti hinzugeben und mit dem Knoblauch vermengen.

2 Den Rucola unter fließendem kaltem Wasser abwaschen und gut abtropfen lassen, eventuell zusätzlich mit einem sauberen Küchentuch trocken tupfen.

3 Eingelegte getrocknete Tomaten und Feta klein schneiden. Die Spaghetti mit den Tomatenstücken vermischen und in einem tiefen Teller mit Rucola, Fetakäse und Pinienkernen anrichten.

Steht noch ein Nachmittagsmeeting mit wichtigen Geschäftspartnerinnen und -partnern an? Dann solltest du mit dem Knoblauch vielleicht etwas vorsichtig sein …

SPINAT

>> Ob Popeye seine Superkraft vom Spinat hat? Möglich wäre es. Denn Spinat ist wirklich äußerst gesund. Und nicht zuletzt ist der Geschmack einmalig! Was viele nicht wissen: Das grüne Blattkraut kann auch im Indoor-Garten angebaut werden.

Auf der sonnigen Fensterbank

Das Wichtigste, um erfolgreich Spinat anzubauen, ist das stimmige Zusammenspiel von Licht und Temperatur. Spinat braucht viel Licht, mag es aber eher kühl. Eine helle Fensterbank ohne pralle Mittagssonne bei einer kühleren Umgebungstemperatur von 13 bis 18 °C wäre ideal. Da es den perfekten Standort relativ selten gibt, ist es oft am besten, einen eher kühlen Platz zu wählen und sich mit einer Pflanzenlampe Abhilfe zu schaffen. Mit etwas künstlichem Licht gelingt der Anbau von Spinat übrigens auch im Herbst oder Winter, wenn die Tage eigentlich zu kurz wären. In den heißen Sommermonaten ist es relativ schwierig, Spinat anzubauen, es empfiehlt sich also eine Aussaat im zeitigen Frühjahr oder im Herbst.

Es gibt viele verschiedene Sorten Spinat und die Auswahl des Saatguts liegt ganz bei dir und deinem persönlichen Geschmack. Frühe Sorten sind für den Anbau in Innenräumen aber besser geeignet, da sie nicht ganz so wärmeempfindlich sind wie die späten Sorten.

Hast du einen geeigneten Standort gefunden oder mittels Pflanzlampe geschaffen, kann es auch schon losgehen. Um die Keimung anzuregen, lege das Saatgut für einen Tag zum Quellen in lauwarmes Wasser. In der Zwischenzeit kannst du dein Pflanzgefäß vorbereiten. Nimm doch zum Beispiel einen länglichen Getränke-Karton und funktioniere diesen zu einem Pflanzbehälter um. Darin kannst du deinen Spinat in einer Reihe aussäen.

> Willst du über einen längeren Zeitraum öfter mal Spinat essen, empfiehlt sich die Aussaat in mehreren Pflanzbehältern in einem zeitlichen Abstand von 2 Wochen.

Nutzt du Upcycling-Pflanzgefäße, solltest du unten kleine Kieselsteine einfüllen oder Löcher in den Boden machen. So verhinderst du Staunässe.

Damit sich keine Staunässe bildet, solltest du den Karton unten mit kleinen Kieselsteinen auslegen, bevor du ihn mit Erde befüllst. Oder: Löcher in den Boden pieksen und den Karton auf einen Unterteller platzieren. An den Boden stellt Spinat keine besonderen Ansprüche, mit Anzucht- oder Kräutererde machst du nichts verkehrt.

In 2 cm Pflanztiefe werden die Samen ausgesät. Nun kannst du eine Folie über das Behältnis spannen. Wie in einem kleinen Gewächshaus sind die Samen dann gut geschützt und die Erde bleibt schön feucht. Schon nach wenigen Tagen wirst du die ersten Keimlinge entdecken, dann darf die Folie wieder abgenommen werden. Bei trockener Raumluft tut es deinem Spinat gut, wenn du ihn – zusätzlich zum regelmäßigen Gießen – alle paar Tage mit einer Sprühflasche einsprühst.

Nach ungefähr 2 bis 3 Monaten, wenn die Blätter mindestens 5 cm groß sind, kannst du anfangen Spinat zu ernten. Zupfe dazu mit den Fingern immer die äußeren Blätter ab, aber niemals zu viele auf einmal. So wächst dein Spinat noch weiter und du kannst ihn ernten, bis er in die Blüte geht.

COUSCOUS-SALAT
MIT SPINAT

Ursprünglich kommt Couscous aus der nordafrikanischen Küche. Ich empfehle dir dieses Couscous-Rezept fürs Büro, weil es superschnell zubereitet ist und du dafür nur einen Wasserkocher brauchst. Zum Couscous kommt frisch geernteter Spinat, etwas Feta und (für die gute Laune) Granatapfelkerne. Klingt gut, oder? Lade doch jemanden zum Essen ein, die Menge reicht locker für zwei Personen.

🕐 10 Minuten

1 Couscous in einer ausreichend großen Schüssel (mit Platz zum Quellen) mit der Gemüsebrühe übergießen. Einmal umrühren, um die Gemüsebrühe gut zu verteilen, dann abgedeckt zur S. stellen, quellen und abkühlen lassen.

2 Optional (falls du einen Herd zur Verfügung hast): Zwiebel und Knoblauch schälen und sehr fein hacken. Olivenöl in einer Pfanne erhitzen und beide Zutaten darin bei mittlerer Hitze glasig dünsten. Diese anschließend unter den Couscous mischen.

3 Spinatblätter unter fließendem Wasser abwaschen und abtropfen lassen. Die Granatapfelkerne aus dem Gehäuse lösen. Feta in kleine Würfel schneiden, Zitrone auspressen.

4 Spinat, Granatapfelkerne und Feta zum abgekühlten Couscous geben und alles mithilfe eines Salatbestecks miteinander vermengen. Mit Zitronensaft, Olivenöl, Zucker oder Agavendicksaft, Salz und Pfeffer abschmecken.

> Dazu, wie man die Granatapfelkerne einfach und sauber aus der Frucht holt, gibt es richtig gute Video-Tutorials. Statt der Granatapfelkerne kannst du aber auch Heidelbeeren oder Himbeeren nehmen.

ZUTATEN
Für 2 Portionen

Für den Salat:
125 g Couscous
250 ml Gemüsebrühe
2–3 Handvoll Spinat
1 Granatapfel
75 g Feta

Für das Dressing:
½ Zitrone
2 EL Olivenöl
1 Prise Zucker oder 1 Schuss Agavendicksaft
Salz, Pfeffer

Optional (falls Herd vorhanden):
½ rote Zwiebel
½ Knoblauchzehe
2 EL Olivenöl

GEMÜSE

Nur wer einen eigenen Garten hat, kann Gemüse anbauen? Von wegen. Manche Gemüsearten lassen sich auch ganz wunderbar auf der Fensterbank anbauen. Welche das sind, was du dabei beachten solltest und was für leckere Gerichte du aus dem Gemüse zaubern kannst, erfährst du auf den nächsten Seiten. Eines schon vorweg: Das Glücksgefühl, wenn man seine erste rote Tomate erntet, ist unbeschreiblich. Freu dich drauf!

INGWER

>> Ingwer ist voll im Trend. Zu Recht, denn der unscheinbaren Knolle werden Heilkräfte nachgesagt. Angebaut wird sie in tropisch-subtropischen Regionen der Erde. Oder bei dir auf der Fensterbank! Zukünftig musst du also keinen Ingwer mehr kaufen, der lange Transportwege hinter sich hat. Hier erfährst du, wie es geht.

Topfkultur – aber richtig!

Gärtnerische Erfahrung brauchst du für die Anzucht von Ingwer nicht, nur ein bisschen Geduld. Der ideale Startzeitpunkt ist im Februar/März. Zunächst benötigst du ein Stück frisches Ingwerrhizom, also eine schöne Knolle aus dem Supermarkt

oder Bioladen. Achte beim Kauf auf Bio-Qualität! Außerdem muss dein Rhizom „Augen" haben – das sind Vegetationsknoten, aus denen dein Ingwer neu austreiben kann. Um ihn anzupflanzen, brauchst du also auf jeden Fall eine Knolle mit einem solchen Vegetationsknoten.

Das Prinzip ist nun folgendes: Das Rhizom wird eingepflanzt, treibt aus und bildet oberirdisch eine Pflanze (die echt hübsch ist). Die Pflanze entwickelt dann unterirdisch neue, größere Rhizome, die du später ernten kannst.

Du musst nicht das ganze Rhizom einpflanzen, sondern es reicht ein kleiner Abschnitt. Schneide mit einem scharfen Messer ein etwa 5 cm großes Stück mit Vegetationsknoten ab und lege es über Nacht in ein Glas Wasser. Am nächsten Tag darf dein Ingwer in

Geduld, die sich auszahlt: Aus deinem Rhizom treibt endlich eine Pflanze aus und streckt sich Richtung Licht.

die Erde. Bereite dafür einen ausreichend großen Topf vor (mindestens 30 cm Durchmesser – wenn es gut läuft, wird die Ingwerknolle richtig groß) und fülle ihn zu drei Vierteln mit Blumenerde. Lege das Ingwerstück mit der Schnittfläche nach unten in den Topf und decke es so mit Erde ab, dass nur das obere Ende des Rhizoms noch herauslugt. Nun gieße deinen Ingwer ordentlich an und dann auch weiterhin sehr regelmäßig.

Ingwer mag es hell und warm, die direkte Sonneneinstrahlung bekommt ihm aber nicht. Vielleicht gibt es in deinem Büro eine Fensterbank über der Heizung? Das wäre ideal! Hast du einen geeigneten Standort für deinen Topf gefunden, decke ihn mit Frischhaltefolie ab, um ein feucht-warmes Klima zu schaffen.

Nach wenigen Wochen kannst du den ersten Trieb entdecken, der sich einen Weg durch die Erde nach oben bahnt. Jetzt wird auch die Folie nicht mehr gebraucht. In den nächsten Monaten verwandelt sich das kleine Ingwerstück in eine hübsche Zimmerpflanze, die ein wenig an Bambus erinnert.

Dein Ingwer ist erntereif, wenn die grüne Pflanze oberirdisch abstirbt. Dann kannst du die Knolle ausgraben.

Alle 2 Wochen kannst du deinem Ingwer etwas Gutes tun und ihn mit Gemüsedünger versorgen. Die Pflanze mag es auch, wenn du die Blätter gelegentlich besprühst.

Im Herbst verfärben sich die Blätter dann gelb und dein Topf sollte durchwachsen sein von einer dicken Ingwerknolle. Nun ist endlich Erntezeit: Was für ein schöner Moment! Schnapp dir deinen Topf und gehe am besten vor die Tür damit, denn es könnte dreckig werden. Alternativ kannst du es dir auch im Büro auf dem Boden gemütlich machen, aber bitte Zeitung unterlegen! Grabe nun deine Knolle vorsichtig aus. Und? Wie groß ist sie geworden?

Die Ingwerpflanze besticht durch ihre sattgrünen langen Blätter und ist ein toller Hingucker im Büro!

INGWERSHOT

Abwehrstoffe aufbauen, Immunsystem stärken – das kann nie verkehrt sein. Vor allem, wenn es draußen kälter wird und die Grippesaison wieder losgeht. Wie praktisch, dass dein Ingwer nun geerntet werden kann! Auch für außerhalb der Erntesaison kann ich dir den selbst gemixten Ingwershot nur empfehlen. Als Fitmacher für zwischendurch gibt es nichts Besseres.

 10 Minuten

ZUTATEN
Für 3 Shots

1 Zitrone

50 g Ingwer

50 ml Apfelsaft, naturtrüb (oder jeder beliebige andere Saft)

20 ml Honig oder Agavendicksaft

½ TL Kurkuma, Zimt oder 1 Prise Cayennepfeffer

1 Zitrone pressen. Ingwer schälen, in kleine Stücke schneiden und in einen Messbecher füllen. Zitronensaft, Apfelsaft und die flüssige Süße hinzufügen. Nach Geschmack mit Kurkuma, Zimt oder Cayennepfeffer würzen.

2 Die Mischung mit dem Pürierstab vorsichtig pürieren, bis sie ganz flüssig ist. Es sollten keine Stückchen mehr vorhanden sein. Bei Bedarf noch einen Extraschuss Saft hinzufügen.

3 Die Flüssigkeit durch ein feines Sieb oder einen Nussmilchbeutel in das Glas gießen. Frisch oder im Kühlschrank gekühlt genießen! Der Drink hält sich im Kühlschrank in einer gut verschlossenen Flasche ca. 5 Tage.

Ingwer ist bei Erkältungen auch heiß aufgebrüht als Tee sehr beliebt. Mit Zitrone und Honig schmeckt dieser auch wirklich himmlisch und ist sehr wohltuend. Aber Achtung: Nie zu viel heißen Ingwertee trinken, der greift den Magen an. Also in Maßen genießen!

RADIESCHEN

>> Klein, aber oho! Die klassischen Radieschen sind rot, rund und nur wenige Zentimeter groß. Doch unterschätzen sollte man die kleinen Kerle auf keinen Fall, denn sie können dank der Senföle, die sie enthalten, eine beachtliche Schärfe haben.

Auf dem Balkon

Das Beste an Radieschen ist: Sie wachsen sehr schnell und bringen dir ohne viel Aufwand eine verlässliche Ernte. Man kann übrigens nicht nur die Knollen, sondern auch das Radieschengrün essen! Die Pflänzchen stellen wenig Ansprüche. Einzige Bedingung: Sie benötigen ein Plätzchen draußen an der frischen Luft. Wenn du also ein Büro mit Balkon hast, dann steht dem Radieschenanbau nichts im Wege.

Für die Aussaat auf dem Balkon eignen sich längliche Balkonkästen sehr gut. Standard-Balkonkästen sind ca. 15 cm tief und bieten den Radieschen genug Platz zum Wurzeln. Improvisierst du mit einem anderen Pflanzgefäß, dann beachte lediglich, dass es eine ähnliche Tiefe hat und dass das Wasser gut ablaufen kann.

Radieschen können von März bis September angebaut werden, man unterscheidet zwischen frühen und späten Sorten. Der Standort sollte irgendwo zwischen sonnig und halbschattig liegen – diese Pflanze ist nicht ganz so wählerisch. Im Hochsommer allerdings sollte der Balkonkasten möglichst nicht in der prallen Sonne stehen, denn da besteht die Gefahr, dass der Boden zu schnell austrocknet oder die Blätter verbrennen.

Die Aussaat von Radieschen erfolgt in Reihen. In einen Standard-Balkonkübel passen gut zwei Reihen nebeneinander.

Am wohlsten fühlen sich Radieschen in nährstoffreicher, humoser Erde, etwa einer Mischung aus normaler Garten- und Blumenerde. Bereite in deinem Balkonkasten kleine Rillen vor und säe die Radieschen in 2 Reihen mit einem Pflanzabstand von mindestens 4 cm zwischen den einzelnen Samen aus. Wenn die Radieschen zu eng wachsen, behindern sie sich gegenseitig. Die Samen werden etwa 1 cm tief in die Erde gelegt und leicht mit Erde bedeckt. Dann heißt es gießen und warten. Gerade am Anfang ist es wichtig, die Erde gleichmäßig feucht zu halten. Dünger wird nicht benötigt.

Nach nur 6–8 Wochen sind die Radieschen erntereif. Auch das Blattgrün ist essbar und eignet sich wunderbar zum Würzen.

Schon nach einer Woche sollten sich die ersten Keimlinge blicken lassen. Wenn du jetzt feststellst, dass diese zu eng stehen, dann rupfe einzelne heraus. Das tut am Anfang zwar weh, ist aber leider unumgänglich, wenn du später richtig dicke Radieschen haben willst. Bereits nach 4 bis 6 Wochen ist Erntezeit.

Weil Radieschen so schnell wachsen, ist es nicht tragisch, wenn bei der ersten Aussaat noch Samen übrig bleiben. Bewahre sie auf und säe nach der Ernte einfach noch einmal welche aus.

RADIESCHEN-
CARPACCIO

Wie könnte man diese kleinen Knollen nicht lieben? Sie sind knackig und scharf – perfekt als Snack zwischendurch. Und auch sonst passen sie irgendwie immer dazu, sei es als frische Beilage oder roter Farbtupfer auf dem Teller. Bei diesem leckeren Carpaccio spielen die Radieschen allerdings die Hauptrolle.

🕐 10 Minuten

1 Radieschen mitsamt Radieschengrün gründlich waschen. Knollen vom Grün trennen und das Grün beiseitelegen. Die Knollen in dünne Scheiben schneiden oder mit einer Küchenreibe fein hobeln. Die Radieschenscheiben fächerförmig auf einem flachen Teller anrichten.

2 Die schönsten Blätter aus dem Radieschengrün heraussuchen und klein hacken. Die Kerne aus dem Granatapfel herauslösen und auf den Radieschen verteilen.

3 Für das Dressing die gelbe Zitronenschale fein abreiben und den Saft auspressen. Schalenabrieb und Saft zusammen mit dem Olivenöl, dem Balsamico-Essig und dem Granatapfelsirup in einem Schraubglas oder Dressingshaker kräftig mischen. Mit Salz und Pfeffer abschmecken.

4 Das Dressing über die Radieschen träufeln und den Teller mit den gehackten Radieschenblättern garnieren. Das Carpaccio sofort essen oder erst für einige Stunden kaltstellen und ziehen lassen.

ZUTATEN
Für 1 Portion

Für das Carpaccio:

10 Radieschen

1 kleine Handvoll Radieschenblätter

½ Granatapfel

Für das Dressing:

½ Bio-Zitrone

1 EL Olivenöl

1 EL weißer Balsamico-Essig

1 EL Granatapfelsirup

Salz, Pfeffer

Für ein leichtes Mittagessen ist ein Carpaccio perfekt geeignet. Wirst du davon nicht satt, genieße das Gericht doch mit einem leckeren Baguette frisch aus der Backstube. Mmh …

TOMATEN

>> Beim Gärtnern gibt es viele, viele schöne Momente zu erleben.
Doch einer der aufregendsten ist wohl, die allererste eigene Tomate
zu pflücken. Damit du deine erste Tomate auch bald in der Hand
hältst, solltest du einige Dinge beachten.

Vom Samenkorn zur Tomate

Entscheidend für den Erfolg deines
Tomatenanbaus auf der Fensterbank
ist die Menge an Sonnenlicht, die
dein Standort bietet. Am Anfang noch
genügsam, müssen die Pflanzen später hell und warm stehen, um Früchte
ausbilden zu können. Beachte bei
der Saatgutauswahl, dass es sich um
kleinwüchsige Sorten handeln sollte,
die für den Anbau auf der Fensterbank geeignet sind.

Säe die Samen im Februar zum Keimen in kleinen Anzuchttöpfen mit
Anzuchterde aus. Stelle die Töpfchen
in ein Zimmergewächshaus oder
decke sie mit Frischhaltefolie ab,
sodass ein feuchtes, warmes Klima
entsteht, und platziere sie auf einer
halbschattigen Fensterbank. Warm
darf es gerne sein, aber Achtung: Bitte
nicht über einer Heizung platzieren!
Bei einer Idealtemperatur von 20
bis 25 °C zeigen sich innerhalb von
2 Wochen die ersten Keimlinge.

Haben deine Tomaten das zweite
Blattpaar entwickelt, ist es Zeit fürs
Pikieren. Das bedeutet, dass jede
Pflanze in einen eigenen Topf kommt.
Auch wenn die Tomatenpflänzchen
am Anfang in ihren größeren Töpfen
noch etwas fehl am Platz aussehen,
solltest du hier nicht mit dem Platz
sparen. Benutze möglichst Gemüse-
oder Tomatenerde und stelle die
Töpfe dann auf eine sonnige
(Süd-)Fensterbank.

Berühre mal die Blätter und
riech an deinen Fingern: Schon
kleine Pflanzen verströmen den
betörenden Duft von Tomaten.

Was die Natur draußen von selbst macht, musst du drinnen übernehmen: Deine Tomaten müssen bestäubt werden, um Früchte auszubilden. Schüttle die Pflanzen nach der Blütenbildung mehrmals vorsichtig oder tupfe mit einem Pinsel zuerst in eine Blüte und dann in eine andere. Nun steht deiner baldigen Ernte – je nach Sorte zwischen Juni und September – nichts mehr im Wege!

Sorge dafür, dass deine Tomaten immer genug Wasser bekommen. Wichtig dabei: Nur von unten gießen (siehe Seite 21)! Die Pflanze an sich darf nicht nass werden, weil sie sonst schnell Fäule entwickelt. Wenn die unteren Blätter in der nassen Erde hängen, knipse sie lieber ab. Jede zweite Woche solltest du düngen.

Deine Tomatenpflanzen werden jetzt ständig neue Seitentriebe bilden. Das kostet sie viel Kraft, die sie dann nicht mehr in die Ausbildung der Früchte stecken. Die Zeit ist also gekommen, sie regelmäßig auszugeizen: Dabei werden die Seitentriebe entfernt, zum Beispiel durch Abknipsen mit den Fingernägeln. Allerdings ist dies nicht bei jeder Sorte notwendig. Informiere dich also auf der Saatgutpackung, was deine Tomaten brauchen, um „glücklich" zu sein.

Erst grün, dann rot: Bald steht die Ernte an!

KLASSISCHER
TOMATENSALAT

Am allerliebsten genieße ich meine Tomatenernte einfach so – ohne aufwendiges Rezept. Da das als Mittagessen aber vielleicht doch zu wenig ist, empfehle ich dir einen klassischen Tomatensalat. Der ist im Handumdrehen zubereitet und der Geschmack deiner sonnengeküssten Tomaten kommt hier besonders gut zur Geltung.

 10 Minuten

ZUTATEN
Für 1 Portion

5–15 Tomaten (je nach Größe und Hunger), frisch geerntet

1 Bund Basilikum, alternativ 1 Bund Petersilie

1 Zwiebel

Pfeffer, Salz

6 EL Olivenöl

1 Tomaten waschen, halbieren und den Strunk mit einem scharfen Messer entfernen. Tomatenhälften in mundgerechte Stücke schneiden und in die Salatschüssel füllen. Basilikum waschen und abtropfen lassen.

2 Zwiebel schälen und fein würfeln, zu den Tomaten geben. Basilikum mit einem scharfen Messer oder Kräuterbeil fein hacken.

3 Für das Dressing Olivenöl mit Salz und Pfeffer verrühren. Über die Tomaten gießen und alles gut vermengen. Den Salat eine Viertelstunde durchziehen lassen. Dann auf einem Teller oder direkt in der Schüssel mit dem fein gehackten Basilikum garnieren. Augen schließen und genießen!

> Das macht dich nicht satt? Dann reibe einfach ein paar Scheiben getoastetes Ciabatta-Brot mit frischem Knoblauch ein und verteile etwas Tomatensalat darauf. Schmeckt fast wie italienische Bruschetta!

ZWIEBELN

>> Man sagt, in China seien Zwiebeln schon vor über 5 000 Jahren angebaut worden! Auch heute noch stehen sie weltweit hoch im Kurs. Im Indoor-Garten bekommt das Zwiebelgrün seinen Auftritt und bezirzt durch seine würzige, leicht scharfe Note.

Zwiebelgrün aus dem Topf

Wenn du zu Hause das nächste Mal feststellst, dass du eine Zwiebel zu lange liegen gelassen hast und diese anfängt auszutreiben, dann schnapp sie dir und nimm sie mit ins Büro! Diese Zwiebel hat bereits beschlossen, dass sie noch weiterwachsen will. Beste Voraussetzung dafür, dass sie auch in deinem Indoor-Garten gut gedeihen wird. Willst du es nicht dem Zufall überlassen, dann lagere Zwiebeln „falsch", also anstatt dunkel und kühl vielleicht etwas zu hell und zu warm, so treiben sie von selbst aus.

Bereite einen ausreichend großen Topf (10 cm Durchmesser) mit Erde vor – zum Beispiel einen einfachen runden Pflanztopf mit passendem Untersetzer. (Verwendest du einen größeren Topf, passen auch mehrere Zwiebeln nebeneinander.) Du solltest die Erde schön locker dort hineinfüllen und nicht festdrücken: Zwiebeln brauchen einen luftigen, durchlässigen Boden, damit sich ihre Wurzeln bilden und im Topf ausbreiten können.

Anschließend machst du in der Mitte des Topfes ein Loch, in das deine Zwiebel gleich hineinkommt. Wichtig ist, dass du sie nicht zu tief in den Boden setzt. Der grüne Trieb, der sich bereits gebildet hat, sollte vollständig aus der Erde ragen. Bedecke die Zwiebel also nur etwa bis 2 cm unter dem Triebansatz mit Erde und platziere den Topf auf einer warmen, aber nicht vollsonnigen Fensterbank.

Die Zwiebeln machen auch optisch eine gute Figur, oder?

Jetzt heißt es: Wasser marsch! Damit sich die Wurzeln bilden können, sollte die Zwiebel immer feucht gehalten werden. Staunässe wäre allerdings kontraproduktiv, deshalb checke jedes Mal den Wasserstand, bevor du gießt. Dafür nimmst du vor dem Gießen den Topf vorsichtig hoch und kontrollierst, ob sich im Untersetzer Wasser angesammelt hat. Falls ja, gieße es unbedingt ab. Für heute weißt du, dass deine Zwiebel genug Wasser hat und nicht gegossen werden muss. Ist der Untersetzer trocken, gieße nach!

Nach einiger Zeit wird dein Zwiebelgrün in die Höhe schießen und du kannst ernten. Schneide immer nur so viel ab, wie du brauchst, und benutze dafür ein scharfes Messer oder eine Küchenschere. Wenn du nicht alles auf einmal erntest, sondern immer etwas stehen lässt, wird das Grün ungefähr dreimal nachwachsen können, dann ist die Zwiebel in der Regel ausgelaugt. Zwiebelgrün schmeckt ähnlich wie Lauchzwiebeln angenehm würzig und leicht scharf. Es eignet sich hervorragend für die Dekoration von Gerichten, gibt aber auch eine gute Beigabe zum Salat ab und ist eine tolle Würzung für einen Kräuterquark.

PELLKARTOFFELN
MIT QUARK UND RÄUCHERLACHS

Wie oft liest man in einem Rezept „Zwiebeln schälen, klein hacken und glasig dünsten"? Zwiebeln kommen in der Küche vielfältig zum Einsatz und werden zur grundlegenden Würzung von Suppen, Eintöpfen, Soßen, Pfannen und vielem mehr genutzt. Wenn auch etwas milder im Geschmack, kann das Zwiebelgrün eigentlich ebenso verwendet werden. Noch besser ist es aber ungekocht, zum Beispiel in einem würzigen Quark zu leckeren Pellkartoffeln.

🕐 40 Minuten insgesamt oder 30 Minuten am Vorabend und 20 Minuten vor dem Verzehr

1 Kartoffeln auf dem Herd garen oder schon am Vorabend zu Hause vorkochen und ins Büro mitbringen.

2 Magerquark, Joghurt und Schmand in einer Schüssel verrühren. Zitrone auspressen. Zwiebelgrün abwaschen, einen Moment abtropfen lassen und anschließend fein hacken. Einen Teelöffel Zitronensaft und das Zwiebelgrün unter die Quarkmasse mischen. Je nach Geschmack noch weitere gehackte Kräuter hinzufügen. Mit Salz und Cayennepfeffer abschmecken.

3 Kartoffeln abgießen oder kurz in der Mikrowelle erwärmen. Zusammen mit dem Räucherlachs und dem Kräuterquark auf einem flachen Teller anrichten.

ZUTATEN
Für 1 Portion

4 mittelgroße Pellkartoffeln

100 g Magerquark

50 g Naturjoghurt

20 g Schmand

½ Zitrone

etwas Zwiebelgrün

Salz

Cayennepfeffer

200 g Räucherlachs

Optional:

andere frische Kräuter wie z. B. Petersilie

> Den Räucherlachs besorgst du dir idealerweise an der Frischetheke. Der schmeckt deutlich aromatischer als der abgepackte im Supermarkt.

KÜCHEN-
KRÄUTER

Kräuter sind die geheimen Stars in der Küche. Da ist es eigentlich ganz
egal, was auf deinem Teller liegt. Frisch geerntete oder auch getrocknete Kräuter setzen jedem Gericht das Genusskrönchen auf und machen
es zu etwas ganz Besonderem.

MINZE

>> Mint up your life! Das frische, belebende Aroma der Minze kommt nicht nur in aufgebrühten Tees oder süßen Cocktails gut zur Geltung, sondern punktet auch in zahlreichen warmen und kalten Gerichten wie Suppen und Salaten.

Minze aussäen

Bevor du die Minze aussäst, suche dir zunächst einen geeigneten Standort in deinem Büro aus. Ideal ist eine helle Fensterbank ohne direkte Sonneneinstrahlung. Minze mag es hell, kann aber auch im Halbschatten gut gedeihen. Wähle einen ausreichend großen Pflanztopf, befülle ihn mit Kräutererde und setze ihn auf einen passenden Untersetzer. Befeuchte die Erde mithilfe einer Gießkanne oder – noch besser – einer Sprühflasche. Nun bringst du die Samen aus. Sie dürfen nur ganz leicht mit Erde bedeckt werden, denn Minze ist ein Lichtkeimer. Der Topf kommt anschließend auf die Fensterbank.

Gerade am Anfang musst du die Erde immer feucht halten. Am besten machst du dies ebenfalls mit der Sprühflasche – dann werden die Samen nicht weggeschwemmt, wenn der Wasserschwall aus der Gießkanne über sie gekippt wird. Nach ca. 15 Tagen keimt die Minze. Sobald die Pflänzchen das zweite Blattpaar ausgebildet haben oder ca. 4 bis 5 cm groß gewachsen sind, ist Pikieren angesagt: Jedes Pflänzchen bekommt also seinen eigenen Topf.

Ist sie nicht wunderschön, die Minze? Die Pflanze betört durch ihr sattes Grün, aber auch durch ihren unwiderstehlich frischen Duft.

Mit der richtigen Schneidetechnik stärkst du deine Minze in ihrem Wachstum.

Schon die Blätter der jungen Pflänzchen duften herrlich nach Minze. Vollkommen verständlich, dass du gleich anfangen möchtest zu ernten! Am Anfang solltest du es jedoch langsam angehen, denn eine zu radikale Ernte wäre tödlich für die zarten Gewächse. Warte deshalb auf jeden Fall, bis die Pflanzen kräftig sind, und ernte nicht zu viel auf einmal. Schneide dabei immer ganze Triebe und nicht nur einzelne Blätter ab. So regst du den Wuchs weiterer Triebe an. Im Juli kannst du das Kraut komplett abernten und zum Trocknen aufhängen. So hast du im Winter reichlich Minze für leckeren Tee.

Wenn du weniger Aufwand betreiben möchtest, kannst du natürlich – anstatt deine Minze selbst zu ziehen – auch auf gekaufte Kräuter zurückgreifen. Sie sind schneller erntebereit, gehen aber leider auch leichter ein. Grund dafür ist, dass sie den Umzug von der Gärtnerei ins Haus oft nicht gut vertragen. Selbst ausgesäte Pflanzen sind durch die langsame Aufzucht besser an die Bedingungen in deinem Büro angepasst und somit deutlich robuster, wenn sie groß sind.

Wenn du dich für den Kauf entscheidest, dann gehe dafür in eine Kräuterei. Da wirst du gut beraten und kannst aus einer Vielfalt an Minzsorten wählen. Schokominze, Nanaminze, Erdbeerminze ... Jede Sorte hat ihr ganz eigenes Aroma!

ORIENTALISCHER
BULGURSALAT

Minze steht für Frische pur. Mit ihrem besonderen Aroma belebt sie Gerichte und Getränke und gibt ihnen einen sommerlichen Kick. So auch diesem köstlichen Bulgursalat! Damit sich das Schnippeln lohnt, magst du vielleicht noch jemanden zum Essen einladen? Deshalb hier das Rezept des orientalischen Bulgursalats gleich für zwei Personen.

 25 Minuten

ZUTATEN
Für 2 Portionen

Für den Salat:
150 g Bulgur
300 ml Gemüsebrühe
1 Paprika, rot
2 Frühlingszwiebeln
½ Gurke
½ Granatapfel
100 g Schafskäse
1 Handvoll Erdnüsse, geröstet und gesalzen
100 g Mais
1 Limette

Für das Dressing:
5–7 Stängel Minze, frisch
250 g Naturjoghurt oder veganer Joghurt
1 Prise Chiliflocken
1 Prise Kreuzkümmel
Salz, Pfeffer

1 Den Bulgur in einer ausreichend großen Schüssel (Er muss Platz zum Quellen haben!) mit der Gemüsebrühe mischen und mit dem kochenden Wasser übergießen. Abgedeckt aufquellen lassen und dabei gelegentlich umrühren. Nach 20 Minuten den Bulgur in ein Sieb geben. Mit kaltem Wasser abspülen.

2 Paprika, Frühlingszwiebeln und Gurke waschen und klein schneiden. Die Kerne aus dem Granatapfel lösen. Schafskäse würfeln und Erdnüsse hacken.

3 Für das Dressing die Minze unter fließendem Wasser abwaschen, abtropfen lassen und fein hacken. Mit dem Joghurt vermischen. Kreuzkümmel, Chiliflocken, Salz und Pfeffer hinzufügen.

4 Die frischen Zutaten, den Mais und das Joghurtdressing zum gut abgekühlten Bulgur geben und alles gründlich vermengen. Den Salat noch einmal abschmecken und auf großen Tellern anrichten.

5 Limette in Achtel schneiden und diese zum Salatteller reichen. Den Salat nach Geschmack mit dem Limettensaft beträufeln.

Zu viel Minze geerntet? In ein Wasserglas gestellt, hält sie sich einige Tage frisch. Alternativ kannst du sie zum Trocknen neben deinem Schreibtisch aufhängen. Das frische Aroma sorgt für einen erfrischenden Duft am Platz.

PETERSILIE

>> Petersilie passt eigentlich zu allem, was man in der Küche kreieren kann, und darf deshalb auch im Büro für die leckeren Snacks in der Mittagspause auf keinen Fall fehlen. Praktisch, dass Petersilie sich so gut auf der Fensterbank kultivieren lässt!

Geduld, die sich auszahlt

Petersilie hat es nicht sehr eilig: Bis die Samen keimen, können bis zu 3 Wochen vergehen. Aber das Warten lohnt sich allemal, denn selbst angebaute Petersilie ist – wie alles Selbstangebaute – tausendmal aromatischer als das, was man im Supermarkt kaufen kann. Deshalb: Nicht den Mut verlieren, wenn die Petersilie sich Zeit lässt! Für die ganz Ungeduldigen empfiehlt es sich, vorgezogene Pflänzchen in der Gärtnerei zu kaufen.

Bei der Auswahl der Samen stellt sich natürlich noch die Frage, welche Sorte einem persönlich mehr zusagt. Es gibt krause und glatte Petersilie. Die glatte Variante ist deutlich aromatischer und wird deshalb häufiger in der Küche verwendet als die krause.

Petersilie kann ab März bis in den Spätsommer hinein auf einer hellen Fensterbank ausgesät werden. Für den Anbau benötigst du nur einen Pflanztopf mit Untersetzer, Kräutererde und Saatgut. Hast du alles beisammen, kann es auch schon losgehen. Um die Keimung anzuregen, kannst du die Samen vorab für einige Stunden in lauwarmes Wasser legen. Platziere sie danach in etwa 0,5 cm Tiefe gut verteilt im Topf und bedecke sie leicht mit Erde. Petersilienpflanzen benötigen einen relativ großen Abstand (ca. 10 cm), um sich richtig ausbreiten zu können. Je nach Topfgröße reichen also 1 bis 3 Samen aus. Petersilie ist ein Dunkelkeimer, das heißt die Samen müssen bei der Aussaat mit Erde bedeckt werden. Da es aber verschiedene Sorten mit unterschiedlichen Ansprüchen gibt, bist du immer gut beraten, einen Blick auf die Pflanzanleitung auf der Verpackung zu werfen.

Nun platziere den Topf an dem vorher ausgesuchten Standort. Am liebsten hat die Petersilie es gerade am Anfang hell und warm, aber von der direkten Sonneneinstrahlung in der Mittagshitze geschützt. Halte die Erde ständig feucht und achte darauf, dass keine Staunässe entsteht. Sind die Pflänzchen erst einmal gekeimt, suchst du ihnen am besten ein neues Plätzchen auf einer halbschattigen Fensterbank. Dort wachsen sie in den darauffolgenden Wochen fröhlich in die Höhe. Wenn du merkst, dass sie sich sehr in Richtung Licht neigen, drehe ab und an den Topf ein wenig. Auch Lüften tut deiner Petersilie gut. Wenn das in deinem Büro erlaubt ist, lass ruhig nachts das Fenster gekippt, damit die Temperatur etwas sinkt.

Wusstest du, dass Petersilie extrem viel Vitamin C enthält? Ungefähr 160 mg auf 100 g. Es ist also nicht nur lecker, sondern auch gesund, Petersilie häufig in der Küche zu verwenden.

Nach 7 bis 8 Wochen kannst du deine erste Petersilie ernten. Dazu schneidest du mit der Schere oder einem scharfen Messer die äußeren, größeren Stängel ab. Achtung: Nicht zu viel auf einmal ernten! Die Pflanze hat sonst nicht genug Kraft, um nachzuwachsen.

Zwischen Aktenordnern und Papierkram ist die grüne Petersilie ein echter Hingucker im Büro.

PETERSILIENÖL

Hier kommt das wohl einfachste Rezept aus der Welt der Küchenkräuter: Nur drei Zutaten brauchst du für die Herstellung deines leckeren Petersilienöls. Ich lege es dir wärmstens ans Herz, weil du mit diesem aromatischen Öl ganz viele tolle Gerichte zubereiten oder aufwerten kannst.

🕐 5–10 Minuten

ZUTATEN
Für eine kleine Flasche

50 g Petersilie, glatt

100 ml Traubenkernöl

Salz

1 Eine kleine, luftdicht verschließbare Glasflasche oder ein Schraubglas passender Größe gründlich reinigen und gut abtrocknen. Petersilie unter fließendem Wasser abwaschen und mit einem sauberen Küchentuch trocken tupfen. Die einzelnen Blättchen mit dem Fingern abzupfen und in das Glasgefäß füllen.

2 Öl in das Behältnis gießen, sodass alle Petersilienblätter bedeckt sind. Das ist wichtig, damit sich kein Schimmel bilden kann. Salz hinzufügen und das Gefäß fest verschließen. Einmal, zweimal, dreimal schwenken, dann ab damit in eine kühle, dunkle Ecke deines Büros!

3 Das Petersilienöl 2 bis 3 Wochen durchziehen lassen, dann durch ein dünnes Sieb oder einen Teefilter abseihen. Luftdicht, kühl und dunkel aufbewahrt ist es etwa 4 Monate haltbar und für alle möglichen Gerichte verwendbar: Zum Beispiel zu Salaten als Dressing, zu Fischspeisen, auf Gemüse oder zum Dippen fürs Brot.

> Alles Geschmackssache: So ein Kräuteröl lässt sich auch mit vielen anderen Ölen herstellen. Im neutralen Rapsöl kommt die Petersilie gut zur Geltung. Olivenöl hat einen stärkeren Eigengeschmack, wird dafür aber weniger schnell ranzig.

THYMIAN

>> Eine Gewürz- und Heilpflanze, deren Verwendungsmöglich-
keiten sehr vielseitig sind: der Thymian. Ursprünglich aus Süd-
europa stammend, bevorzugt die aromatisch duftende Pflanze es
warm und trocken, ist sonst aber recht anspruchslos. Perfekt also
für die Aussaat auf einer warmen Fensterbank.

Gewürz- und Heilpflanze

Der Anbau von Thymian ist wirklich
einfach: Hat man ein helles, sonniges
Plätzchen auf der Fensterbank für
die Pflanze gefunden, braucht sie
nicht viel zum Glücklichsein. Allein
deshalb passt sie hervorragend in
dein Büro. Sie nimmt es dir noch
nicht einmal übel, wenn du zwischen
Abgabefristen und Alltagswahnsinn
mal vergessen solltest, sie zu gießen.

Der Anbau erfolgt ab Februar/März,
am besten in einem Terrakottatopf
oder Tonkübel. Ich habe mal gehört,
dass sich Thymian in einem Pflanztopf
aus natürlichem Material viel wohler
fühlt als in einem Plastiktopf – wer
könnte es ihm verdenken! Verwende
Kräutererde, die ist nährstoffarm
und bietet die perfekten Vorausset-
zungen für ein gesundes Wachstum.
Neben dem „normalen" Echten
Thymian gibt es eine große Auswahl
an Thymiansorten, wie etwa den

Ist dein Büro zu dunkel,
kann eine Pflanzenlampe
Abhilfe schaffen. Mit einer
Zeitschaltuhr arbeitet sie
ganz ohne dein Zutun.

Staunässe musst du vermeiden. Er braucht aber wenig Dünger und kann wie gesagt auch mal einige Tage ohne frisches Wasser auskommen.

Nach 2 bis 3 Monaten kannst du ernten. Schneide mit einem scharfen Messer oder einer Gartenschere immer ganze Triebe ab, statt nur einzelne Blätter abzuzupfen. Jede „offene" Stelle lässt ätherische Öle entweichen und es geht Aroma verloren. Außerdem fördert die Ernte ganzer Triebe das Wachstum der Pflanze und macht sie auf Dauer buschig und kraftvoll. Auf diese Weise kannst du dich noch lange an deiner Pflanze erfreuen.

Zitronenthymian oder den Sandthymian. Die Entscheidung, welche du für den Eigenanbau wählen willst, ist ganz dir überlassen!

Bevor du das Saatgut ausbringst, solltest du die Erde gießen oder mit der Sprühflasche gut anfeuchten. Dann legst du die Samen (im Pflanzabstand wie auf der Verpackung zur jeweiligen Sorte beschrieben) auf die Erde und drückst sie etwas an. Thymian ist ein Lichtkeimer und die Samen dürfen deshalb nicht mit Erde bedeckt werden.

Nun geht es auf die Fensterbank. Achte darauf, dass du die Erde gerade in der Anfangszeit immer leicht feucht hältst, dann werden sich nach 10 bis 15 Tagen deine ersten Keimlinge zeigen. Ab jetzt kannst du den Thymian mehr oder weniger sich selbst überlassen. Natürlich sollte er, gerade wenn er noch klein und verhältnismäßig schwach ist, nie komplett austrocknen, und auch

Von den Trieben lassen sich die kleinen Blätter problemlos mit den Fingern abzupfen.

ZUCCHINI-THYMIAN-SUPPE

Ein bisschen süß, ein bisschen bitter, so lässt sich das Aroma des Heil- und Küchenkrauts wohl am besten beschreiben. Thymian kennt man aus der mediterranen Küche, wo er neben Rosmarin und Oregano vielseitig zum Einsatz kommt. Übrigens: Angeblich soll Thymian auch für das Gehirn sehr gut sein. Also wer weiß – vielleicht wirst du nach dieser leckeren Suppe zum Mittagessen auf der Arbeit richtig durchstarten können!

🕐 25 Minuten. Für dieses Rezept benötigst du einen Herd.

ZUTATEN
Für 1 Portion

1 große Zucchini

½ Knoblauchzehe

½ Zwiebel

1 TL Olivenöl

300 ml Gemüsebrühe

5 Zweige Thymian, frisch (entspricht etwa 1 ½ EL Thymianblättchen)

50 ml Sahne

Salz, Pfeffer

Optional:

3–5 Hackfleischbällchen

1 Zucchini waschen und in kleine Würfel schneiden. Knoblauch schälen. Zwiebel ebenfalls schälen und fein hacken. Öl in einem ausreichend großen Topf erhitzen. Zwiebel in den Topf geben, Knoblauch dazu pressen und beides glasig dünsten. Zucchini hinzufügen, mit Salz und Pfeffer würzen und bei mittlerer Hitze 5 Minuten weiter dünsten.

2 Gemüse mit der Gemüsebrühe ablöschen und das Ganze auf kleiner Stufe weitere 10 bis 15 Minuten köcheln. Die Thymianblättchen mit den Fingern von den Zweigen abzuppeln und in die köchelnde Suppe geben. Sahne hinzufügen, mit Salz und Pfeffer abschmecken. Für eine deftige Note Hackfleischbällchen kurz in einer Pfanne mit Öl erhitzen und auf die Suppe legen.

> Thymian schmeckt nicht nur lecker, sondern wirkt auch entzündungshemmend. Falls bei dir also eine Erkältung im Anmarsch ist, ernte frische Thymianzweige und brühe dir einen Tee mit den Blättern auf.

ZITRONENGRAS

>> Ein Hauch Asien im Büro: Zitronengras, besser bekannt als Lemongras, hat längst auch bei uns Einzug in den Hausgebrauch gefunden und erfreut sich immer größerer Beliebtheit. Das feine Zitrusaroma und der etwas pfeffrige Geschmack geben zahlreichen Gerichten eine frische Note.

Aus Stängeln ziehen

Obwohl Zitronengras nach Zitrone klingt, haben die beiden Pflanzen außer Geschmack und Duft gar nicht viel gemein. Die Pflanze wird in Asien oder Südamerika in großen Büscheln angebaut. Geerntet werden grüne Pflanzenteile, wobei für den Verzehr die äußeren, zähen Blätter entfernt werden und nur der innere, weichere Teil verwendet wird. Auch in deinem

Indoor-Garten kann Zitronengras wunderbar wachsen. Es gibt verschiedene Möglichkeiten, Zitronengras anzupflanzen. Am einfachsten geht es mit der Regrow-Methode.

Gehe zum Asialaden deines Vertrauens und kaufe 3 Stängel frisches Zitronengras ein (manchmal gibt es sie auch nur als Bund mit mehr als 3 Stängeln). Bei Produkten aus dem Supermarkt wurde der untere dicke Teil (die Bulbe) schon entfernt – den braucht die Pflanze aber, um neu wurzeln zu können.

Nun kannst du erst einmal etwas Leckeres in der Küche zaubern, denn für den Anbau benötigst du nur den unteren Teil des Stängels. Schneide ihn mit einem scharfen Messer großzügig ab und stelle ihn in einen Eierbecher. Dieser hat die ideale

Nach nur zwei Wochen sollten sich erkennbar Wurzeln gebildet haben.

Größe, damit der Stumpen aufrecht im Wasser stehen bleibt. Jetzt heißt es warten und das Wasser täglich wechseln. Nach ca. 2 Wochen bilden sich Wurzeln. Sind diese einige Zentimeter lang, kannst du dem Stumpen einen ausreichend großen Topf spendieren. Bedenke bei der Wahl deines Pflanztopfes, dass das Zitronengras noch sehr ausladend wachsen wird und die Triebe sich vermehren. Nun ab auf die sonnige Fensterbank damit! Dort fühlt sich die Pflanze am wohlsten.

Der Anbau gelingt drinnen ganzjährig, denn Zitronengras mag es warm und trocken, hat also auch keine Probleme mit der Heizungsluft im Winter. Das einzige Problem könnte das wenige Licht darstellen, aber da lässt sich mit einer Pflanzenlampe Abhilfe schaffen.

Wenn du erntest, holst du dir stets nur so viel, wie du auch benötigst, denn am allerbesten schmeckt das

Regrow Zitronengras: Aus dem Rest, der sonst in der Tonne landet, kannst du eine neue Pflanze heranziehen.

Zitronengras frisch. Schneide dazu die gewünschte Anzahl Stängel mit einem scharfen Messer etwa 5 cm über dem Boden ab. Durch die Ernte regst du die Pflanze an, buschiger zu wachsen.

Zitronengras kann auch aus Samen gezogen werden, ich persönlich habe aber nicht so gute Erfahrungen damit gemacht. Vielleicht klappt es ja bei dir – probier es doch einfach mal aus!

ZITRONENGRAS-EISTEE MIT LIMETTE

Ich bin ein großer Fan von Zitronengras. Am allermeisten liebe ich es als Eis-teezusatz im Sommer, denn seine erfrischende, leicht bittere Note ist einfach … jammi! Außerdem ist die Zubereitung des Drinks supersimpel. Wenn du also weißt, dass ein richtig heißer Tag bevorsteht, setze den Eistee gleich morgens an und stelle ihn kalt. Dann kannst ihn in der Mittagshitze genießen!

🕐 10 Minuten Vorbereitung, 3 Stunden zum Abkühlen

1 Frisch geerntetes Zitronengras abwaschen und mit einem scharfen Messer längs vierteln. Ingwer schälen und in kleine Stücke schneiden. Limette heiß abwaschen und in dünne Scheiben schneiden.

2 Zusammen mit den Teebeuteln und dem Zucker in eine Karaffe geben und mit dem kochenden Wasser über-gießen. Ein paar Sekunden umrühren, damit der Zucker sich auflöst, dann noch 10 Minuten ziehen lassen. Den Tee nun abseihen, etwa 1 Stunde abkühlen lassen und dann in den Kühlschrank stellen. Nach 2 Stunden ist der Tee eiskalt und du kannst ihn genießen!

3 Für echtes Cocktailparty-Feeling ein Limettenscheibchen aufbewahren und zum Schluss das Glas damit garnieren.

ZUTATEN
Für 3 Cocktails
1 Stängel Zitronen-gras
30 g Ingwer
1 Bio-Limette
30 g brauner Zucker
2 Teebeutel schwarzer Tee
650 ml kochendes Wasser

Zitronengras schmeckt nicht nur in Drinks richtig lecker. Ich empfehle es auch für Wok-Gerichte in Kombination mit Erdnüssen und Kokosmilch. Mmh …

PILZE

Du musst nicht auf den Herbst warten, um Pilze zu ernten: Im Büro kann man Pilze das ganze Jahr hindurch züchten und genießen. Eine tolle Alternative für alle, die eine Portion Waldfeeling mögen! Ich habe verschiedene Pilze für den Drinnenanbau getestet. Am einfachsten geht das mit Pilzzuchtsets, -boxen oder -paketen, die es online zu bestellen gibt. Von dem Ergebnis bin ich absolut begeistert. Die Pilze schmecken frisch geerntet so lecker!

AUSTERNPILZE

>> Ein wirklich besonderer Pilz ist meiner Meinung nach der Austernpilz, auch Austernseitling genannt. Er ist kräftig im Geschmack und schön bissfest. Sein Fleisch soll übrigens ein wenig an Kalbfleisch erinnern. Und das Tolle ist: Du kannst ihn im Büro problemlos selbst züchten.

Pilzzuchtset im Kaffeesatz

Es gibt etwas, was es vermutlich in jedem Büro dieser Welt gibt: Eine Kaffeemaschine. Und wo eine Kaffeemaschine steht, fällt Kaffeesatz an. Praktisch für dich, denn Austernpilze lassen sich ganz hervorragend auf Kaffeesatz züchten. Der Vorteil: Auf diese Weise landet dieser nicht im Müll und kann sinnvoll weiterverwendet werden.

Wenn du Lust hast Pilze zu züchten, benötigst du immer eine Pilzkultur. Online findest du verschiedene Firmen, die solche Kulturen zusammen mit dem sonst benötigten Material verkaufen. Bei den folgenden Beispielen zur Anzucht von Pilzen beziehe ich mich auf die Anzuchtsets von „Pilzmännchen", da ich diese bei meinen Tests verwendet habe. Die Materialien und Anleitungen können je nach Herstellerfirma etwas variieren.

Beim Kaffeesatz-Pilzzuchtset erhältst du zum einen die Pilzbrut und zum anderen einen Pilzzuchteimer mit Belüftungsdeckel, worin die Pilze dann auf dem Kaffeesatzsubstrat gezüchtet werden. Aber bevor es losgehen kann, musst du erstmal Kaffeesatz sammeln. Verwende dazu ein sauberes Gefäß, das du dann abgedeckt im Kühlschrank lagerst. Länger als 3 Tage sollte der Kaffeesatz hier aber nicht stehen, denn sonst besteht die Gefahr, dass er mit Keimen kontaminiert wird.

Das Ansetzen deiner Pilzzucht erfolgt nun schichtweise über einen Zeitraum von 2 bis 4 Wochen. Hast du genug Kaffeesatz beisammen, schnappst du dir eine saubere Schüssel und vermischst das Substrat ungefähr im Verhältnis 5 zu 1 mit Pilzbrut. Die genauen Angaben findest du in der Anleitung des Pilzzuchtsets. Nun schüttest du die Mischung in den Pilzzuchteimer und legst den Deckel locker auf, sodass noch Luft hineinkommen kann. Stelle den Eimer nun für 3 Tage an einen warmen Ort (etwa 20–25 °C). Der Standort sollte weder komplett dunkel (nicht im Schrank) noch sonnig (nicht auf der hellen Fensterbank) sein; suche dir am besten ein ruhiges Plätzchen im Büro, wo niemand gegen den Eimer stoßen kann.

Dieses Prozedere wird nun mehrmals durchgeführt. Während der Eimer also ruht, sammelst du erneut Kaffeesatz, vermischst alle 3 Tage etwas davon mit Pilzbrut und füllst die Mischung in den Eimer. Aber: Nicht mit der ersten Schicht vermengen! Die neue Mischung wird einfach obenauf geschüttet und leicht ange-

Auch wenn die Anleitung ein wenig aufwendig klingt: Im Grunde geht's ganz leicht. Hältst du dich an die Beschreibung, kann eigentlich gar nichts schiefgehen.

drückt. Diesen Vorgang wiederholst du zwischen fünf- und zehnmal, bis der Eimer voll ist. Dann wird der Deckel wieder lose aufgelegt und der Eimer an den warmen Ort gestellt. Nach 2 bis 3 Wochen sollte das ganze Substrat von weißem Pilzmyzel durchwachsen sein. Den Eimer musst du nun etwas kühler stellen (10–20 °C) und fest mit dem Deckel verschließen.

Nach weiteren 2 bis 3 Wochen wirst du aus den Belüftungsöffnungen des Deckels die ersten Pilze wachsen sehen. Bald ist es Zeit für die erste Ernte: ein toller Moment, nachdem du dich wochenlang so gut um deine Pilze gekümmert hast! Nach der Ernte musst du die Kaffeesatz-Pilzbrut regelmäßig wässern, dann kannst du in den nächsten 3 bis 4 Monaten mit mehreren Erntewellen rechnen. Nimm dafür den Deckel ab und gieße kaltes Leitungswasser auf das Pilzsubstrat, bis der Eimer voll ist. Wenn gerade kein Wasser gebraucht wird, erkennst du das daran, dass sich die Oberfläche der heranwachsenden Pilztrauben feucht anfühlt.

Es ist immer ein ganz besonderer Moment, wenn die Mühen sich auszahlen und die ersten Pilze in die Höhe schießen.

PANIERTE
AUSTERNPILZE

Da man den Austernpilz (wie viele andere Pilze auch) nicht roh verzehren sollte, benötigst du für die Zubereitung eine Küche mit Herd. Hier kannst du eins meiner Lieblingsrezepte zaubern: Panierte Austernpilze. Sie sind herrlich kross und erinnern im Geschmack ein bisschen an Schnitzel. Genau das Richtige für alle, die wie ich die „labbrige" Konsistenz von gekochten Pilzen nicht so mögen. Dazu leckere Remoulade oder ein schlichter Salat – großartig!

 10 Minuten

ZUTATEN
Für 1 Portion

1 Ei

2 EL Paniermehl

Salz

3 große Austernpilze

Butter zum Anbraten

Remoulade oder Mayonnaise als Dip

1 Das Ei aufschlagen und in einem tiefen Teller mit etwas Salz verquirlen. Paniermehl in einem zweiten tiefen Teller gleichmäßig verteilen.

2 Pilze mit einer Pilzbürste oder einem sauberen Küchentuch säubern. (Pilze niemals mit Wasser waschen!) Den unteren Teil der Stiele mit einem scharfen Messer entfernen und den Rest in mundgerechte Stücke schneiden. Die Pilze zuerst im Ei, dann im Paniermehl wälzen.

3 Die Butter in einer Pfanne erhitzen und die Pilze darin anbraten, bis sie von allen Seiten goldbraun und kross aussehen. Die Pilze am besten heiß mit Remoulade-Dip genießen.

> Wer es noch gesünder mag, genießt zu den panierten Austernpilzen einen grünen Salat, zum Beispiel mit Honig-Senf-Dressing. Die Kombination ist gleichermaßen ein Augen- und Gaumenschmaus!

CHAMPIGNONS

>> Der Klassiker unter den Zuchtpilzen und der wohl bekannteste Pilz in der Küche: Der Champignon. Das kommt wahrscheinlich auch daher, dass er so vielseitig einsetzbar ist und sich zahllose verschiedene Gerichte mit ihm zaubern lassen.

In der Pilzzuchtbox

Champignons kannst du drinnen ganzjährig wunderbar in der vorbereiteten Pilzzuchtbox von „Pilzmännchen" oder anderen Firmen anbauen. Ohne viel Aufwand werden bei dir im Büro schon nach etwa 4 bis 5 Wochen die ersten Champignons gedeihen. Wenn du sie gut pflegst, kannst du dich über einen Zeitraum von 3 bis 5 Monaten immer wieder über frische Champignons freuen.

Geliefert wird eine Box, in der alles enthalten ist, was du für die Anzucht deiner Champignons benötigst. Das Wichtigste ist natürlich die Pilzbrut, also das Champignonsubstrat, das bereits mit Pilzmyzel besiedelt ist. Die Verpackung aus Karton inklusive Folientüte lässt sich mit wenigen Handgriffen in eine Aufzuchtbox umbauen. Zunächst einmal öffnest du den Karton und die Folientüte und wässerst das Substrat etwas mit kaltem Leitungswasser. Nun deckst du das Ganze mit Erde ab, die ebenfalls mitgeliefert wird.

Es beginnt die sogenannte Besiedlungsphase, die etwa 10 bis 20 Tage dauert. Die ideale Temperatur, die der Standort der Box haben sollte, liegt bei etwa 20 bis 24 °C. Die Pilze sollten nicht im Sonnenlicht stehen, sondern eher ein wenig dunkler (in einem Regal oder einer dunklen Ecke). Die perfekten Bedingungen

Die Anzuchtbox muss kühl stehen, damit sich Champignons ausbilden können.

schaffst du, indem du die Folientüte oben locker zusammenfaltest und so für ein gleichmäßig feuchtes Klima im Inneren sorgst. In der Besiedlungsphase wachsen Pilzfäden aus dem Pilzsubstrat heraus und in die Deckerde hinein. Das Einzige, was du in der Zeit zu tun hast, ist zu warten und dich über die Veränderungen im Inneren der Box zu freuen.

Nach der Besiedlungs- kommt die Wachstumsphase. Hierfür muss die Aufzuchtbox umgebaut werden. Die vom Hersteller mitgelieferte Anleitung sagt dir genau, wie das geht und was du beachten musst. In der Wachstumsphase muss die Box kühler stehen als zuvor, optimal sind 15 bis 18 °C, wärmer sollte es auf keinen Fall sein. Nach weiteren 5 bis 10 Tagen sollten dichtere Stellen im Myzel zu erkennen sein. Daraus wachsen in den nächsten Wochen deine Champignons.

Die Champignons können geerntet werden, wenn an der Unterseite des

Achte beim Ernten darauf, dass keine Stielreste zurückbleiben, so können sich weitere Champignons bilden.

Hutrandes die Huthaut beginnt einzureißen. Jetzt darfst du endlich richtig aktiv werden! Ernten kannst du alle reifen Pilze – mit einem Messer oder einfach per Hand, indem du die Pilze aus dem Substrat herausdrehst bzw. -brichst. Entferne dabei auch immer die Stielreste in der Box, um einer Besiedlung durch schädliche Keime vorzubeugen.

Wusstest du, dass Pilze zu über 90 % aus Wasser bestehen? Nach jeder Ernte musst du deshalb den Wasserhaushalt in der Box wieder ausgleichen, indem du im Verhältnis wieder Wasser hinzugibst.

Aufgrund ihres hohen Wassergehalts sind Champignons extrem kalorienarm. Dafür protzen sie mit einem hohen Gehalt an Proteinen, außerdem liefern sie viele wichtige B-Vitamine.

GESCHMORTE CHAMPIGNONS
MIT KNOBLAUCHSOßE

Ein Highlight auf dem Weihnachtsmarkt sind für mich immer die geschmorten Champignons in Knoblauchsauce. Danach riecht man allerdings ziemlich intensiv nach Knoblauch. Klarer Vorteil also für dich, wenn du im Homeoffice sitzt, denn das Meeting per Videocall geht auch mit Knoblauchfahne.

⏱: 20 Minuten. Für dieses Rezept benötigst du einen Herd.

1 Für die Soße den Knoblauch schälen und fein hacken. Die Petersilie waschen, trocken schütteln, Blättchen von den Stielen abzupfen und ebenfalls fein hacken. Den Joghurt mit dem Schmand verrühren, Knoblauch und Petersilie hinzufügen. Mit Salz und Pfeffer abschmecken.

2 Die Champignons mit einer Bürste säubern (nicht mit Wasser waschen!). Die unteren Stielansätze mit einem Messer abschneiden. Besonders große Pilze halbieren oder vierteln, mittelgroße und kleine Pilze ganz lassen.

3 Zwiebeln schälen und mit einem scharfen Messer in kleine Würfel schneiden. Butterschmalz in einer ausreichend großen Pfanne erhitzen, die Zwiebelwürfel hinzugeben und bei mittlerer Hitze glasig dünsten.

4 Zwiebeln in eine kleine Schüssel füllen und kurz zur S. stellen. Pilze in die Pfanne geben und bei mittlerer Hitze für 3 bis 5 Minuten schmoren. Zwischendurch wenden, damit sie von allen Seiten leicht braun werden. Mit Salz und Pfeffer abschmecken und mit Currypulver würzen. Pilze mit der Knoblauchsauce anrichten und mit Petersilie bestreuen. Dazu passt ein Stück Baguette.

ZUTATEN
Für 1 Portion

Für die Soße:
½ Knoblauchzehe
einige Stiele Petersilie, glatt
75 g Naturjoghurt
75 g Schmand
Salz, Pfeffer

Für die Champignons:
250 g Champignons
1 ½ Zwiebeln
2 EL Butterschmalz
ca. 1 TL Currypulver (alternativ: Paprikapulver, scharf)
Salz, Pfeffer

KRÄUTERSEITLINGE

>> Der Kräuterseitling ist mein Favorit unter den Pilzen. Er ist eng mit dem Austernpilz verwandt, im Aussehen und Geschmack erinnert er allerdings eher an den Steinpilz. Im Indoor-Garten kannst du ihn dank vorbereiteter Pilzkultursets ganzjährig anbauen und musst nicht lange auf die Ernte warten: Nach 2 bis 3 Wochen ist es so weit!

Pilze aus der Fertigkultur

Die wohl einfachste Methode, Pilze im Büro selbst zu züchten, bietet ein beimpfter, also bereits voll durchwachsener Substratblock. Auch für Kräuterseitlinge werden solche Fertigkulturen angeboten. Das Verfahren ist vor allem für Pilzzucht-Neulinge geeignet und garantiert eine gute Erfolgsquote. Wenn der Substratblock bei dir ankommt, ist er luftdicht in Folie verpackt. Entferne die Verpackung erst, wenn du einen geeigneten Platz für deine Pilze gefunden hast und am Substratblock stecknadelgroße Pilzansätze entdecken kannst. Sobald du die Folie abnimmst und Sauerstoff an die Pilzkultur kommt, fangen die Pilze an zu wachsen.

Kräuterseitlinge entwickeln sich am besten bei einer Temperatur zwischen 10 und 18 °C. Was die Beleuchtung angeht, so gilt die Faustregel: Höchstens so viel Licht, dass es zum Lesen ausreicht. Das Wichtigste ist die Luft-

Der Substratblock sieht anfangs etwas merkwürdig aus, entwickelt aber bald seine ganze Pilzpracht.

feuchtigkeit, die darf gerne bei 90 %
liegen. Da das im Büro schwer zu er-
reichen ist, kannst du hier nachhelfen,
indem du die mitgelieferte Folien-
haube locker über die Pilze stülpst.

Hast du einen geeigneten Platz für
deine Pilzkultur gefunden, stellst du
sie auf einem flachen Stein in einen
Untersetzer. (Ich habe dafür eine aus-
rangierte Auflaufform genommen.)
So verhinderst du, dass der Substratblock direkt im Wasser steht und von
unten fault. Außerdem können die
Pilze so besser an den Seiten herauswachsen. Gieße etwas Wasser in den
Untersetzer und setze nun die Folien-
haube wie ein kleines Gewächshaus
über die Pilzkultur. Einmal pro Tag
solltest du die Kultur lüften. Das Wasser tauschst du alle 2 bis 3 Tage aus.

Die nächsten 2 bis 3 Wochen heißt es
warten. Jeden Tag wirst du beobachten können, wie sich die Pilzkultur
verändert und wie nach und nach
an mehreren Stellen kleine Pilze aus
dem Substratblock wachsen. Und
dann geht alles ganz schnell. Wenn

Ernten kannst du deine Kräuterseitlinge mit einem scharfen
Messer – oder du drehst sie mit
der Hand heraus.

die Pilze deutlich an Größe gewonnen
haben und die Hüte vollständig geöff-
net sind, geht es ans Ernten.

Schneide die Pilze mit einem scharfen Messer ganz nah am Substrat ab.
Wichtig ist, dass keine Pilzreste am
Substrat bleiben, denn das begüns-
tigt Schimmelbildung. Ich habe auch
gute Erfahrungen mit
dem Herausdrehen der
Pilze gemacht. Probiere
einfach aus, wie es für dich
am besten geht. Bei guter
Pflege kannst du innerhalb
der Kulturdauer von ca.
20 Wochen in mehreren
Erntewellen schmackhafte
Kräuterseitlinge ernten.

> Zu viel Ernte auf einmal? Kein
> Problem! Locker in ein feuchtes
> Tuch eingewickelt halten sich
> Kräuterseitlinge im Kühlschrank
> bis zu 10 Tage.

SANDWICH
MIT KRÄUTERSEITLING UND GUACAMOLE

Den Kräuterseitling kannst du in der Küche auf verschiedenste Weise verwenden. Einen Herd solltest du allerdings zur Verfügung haben, denn roh liegt der Pilz ziemlich schwer im Magen. Angebraten in Olivenöl ist er sehr schmackhaft, zum Beispiel für ein leckeres Sandwich mit Guacamole.

⏱ 15 Minuten. Für dieses Rezept benötigst du einen Herd.

ZUTATEN
Für 1 Portion

½ Avocado

1 Spritzer Zitronensaft

4–5 Cocktailtomaten

1 Knoblauchzehe

Salz, Pfeffer

2 Kräuterseitlinge, mittelgroß

2 EL Butter

1 Handvoll Rucola

2 EL Balsamico-Essig oder -Creme

2 Toastscheiben

1 EL Sonnenblumenkerne

1 Avocado halbieren, das Fruchtfleisch mit einem Löffel aus der Schale kratzen und auf einem Teller mit einer Gabel zerdrücken. Mit Zitronensaft beträufeln.

2 Die Tomaten in kleine Würfel schneiden und zur Avocado geben. Knoblauch schälen und halbieren. Eine Hälfte der Zehe in die Avocadomasse pressen. Verrühren und mit Salz und Pfeffer würzen.

3 Pilze mit einer Pilzbürste oder einem Küchentuch säubern und längs in Scheiben schneiden. Butter in einer Pfanne erhitzen, die zweite Knoblauchzehe hineinpressen, kurz andünsten und die Pilze in der Knoblauchbutter anbraten.

4 Rucola waschen, abtropfen lassen und in einer Schüssel mit Balsamico-Essig bzw. -Creme vermengen.

5 Toastscheiben toasten. Die flüssige Knoblauchbutter mit einem Löffel aus der Pfanne holen und die Toastscheiben damit bestreichen oder diese direkt je mit einer S. durch die Knoblauchbutter ziehen. Die eine Toastscheibe mit Guacamole bestreichen, mit Rucola und Pilzen belegen und mit Sonnenblumenkernen garnieren. Das Sandwich mit der anderen Toastscheibe zuklappen.

Für ein leichtes Mittagessen im Büro ist der Kräuterseitling perfekt geeignet: Er enthält kein Fett, dafür aber jede Menge Eiweiß und Ballaststoffe. Auch mit wichtigen Vitaminen wie Kalium und Eisen, Spurenelementen und Mineralstoffen kann der Pilz punkten.

SERVICE

Du willst mehr zum (Indoor-)Gärtnern erfahren? Auf den folgenden Seiten findest du ein paar weiterführende Buchtipps und Internetlinks zum Stöbern und Inspirierenlassen. Wer weiß, vielleicht wird aus deinem Indoor-Garten ja bald schon ein bunter Dschungel. Viel Spaß beim Gärtnern und Genießen!

ZUM WEITERLESEN

Bücher und Magazine

Boland, Maureen und Boland, Bridget: **Was die Kräuterhexen sagen: Ein magisches Gartenbuch.** dtv, 1992 (nur noch gebraucht erhältlich)

Bustorf-Hirsch, Maren: **Selbstversorgung aus dem eigenen Anbau.** Bassermann Verlag, 2019

Die Stadtgärtner: **Mit dem Hochbeet durchs Jahr.** Edition Michael Fischer, 2020

Die Stadtgärtner: **Frisch aus dem Hochbeet – Das Praxisbuch.** Edition Michael Fischer, 2020

Don, Monty: **Über das Gärtnern.** Dorling Kindersley Verlag, 2019

Goulson, Dave: **Wildlife Gardening.** Carl Hanser Verlag, 2019

Hudak, Renate und Harazim, Harald: **Ratzfatz Gemüse, Obst & Kräuter ernten.** Verlag Eugen Ulmer, 2021

Lahner, Birgit: **Bio-Gärtnern am Fensterbrett.** Löwenzahn Verlag, 2017

Raupach, Melissa und Lill, Felix: **Regrow your Veggies.** Verlag Eugen Ulmer, 2018

Schlieber, Karin: **Prinzip Permakultur.** Gräfe und Unzer Verlag, 2017

Werde Magazin – The Art of Green Living www.werde-magazin.de

BEZUGS-QUELLEN

Internet

www.preis.de/urban-gardening-mit-kindern
Urban Gardening mit Kindern für Stadtfamilien: So kinderleicht ist der Start ins neue Hobby.

www.mdr.de/mdr-garten/index.html
Hier gibt es wertvolle Tipps, Garten-Hacks und vieles mehr. Auch die Videos kann ich empfehlen.

www.youtube.com/c/SelfBio
Vielfältige Videos zu vielfältigen Gartenthemen. Da findet sich für jede und jeden etwas.

www.parzelle14.com
Mein liebster Gartenblog. Tolle Gartengeschichten und leckere Rezepte zum Nachmachen und Genießen.

www.hauptstadtgarten.de
Geschichten, Eindrücke und Anekdoten aus einem Berliner Schrebergarten. Zum Mitfiebern, Lernen und Träumen.

Saatgut
Bingenheimer Saatgut
www.bingenheimersaatgut.de

Dürr Samen
https://shop.duerr-samen.de

Sperli
www.sperlishop.de

Alles rund um die Sprossenanzucht
www.microgreen-shop.com

Pilzanzuchtsubstrate
Pilzmännchen
www.pilzmaennchen.de

Pflanzenlampe
Elho
www.elho.com/de

Gebrauchtes und Geschenktes
Ebay Kleinanzeigen
www.ebay-kleinanzeigen.de

ÜBER UNS

Dieses Buch ist eine Gemeinschaftsarbeit. Zusammen haben Robert und ich Pflanzen gesät, gegossen, gehegt und gepflegt und unsere Arbeitsplätze in grüne Oasen verwandelt. Unsere Erfahrungen haben wir festgehalten – in Text und Bild. Dass daraus nun ein Buch entstanden ist, macht uns stolz und froh und zeigt ganz deutlich: Es bringt nichts, Sachen im Vorfeld zu zerdenken, manchmal muss man einfach machen.

Ähnlich ist es beim Gärtnern. Dieses Buch soll Menschen zum Gärtnern inspirieren – auch diejenigen, die immer gedacht haben, dass ein Hobby wie dieses für Berufstätige gar nicht zu realisieren ist. Wir hoffen, dass wir vom Gegenteil überzeugen können und du auch Lust bekommst, dir ein bisschen Grün in den Arbeitsalltag zu holen.

Noch kurz über uns: Robert Schlossnickel hat sich als selbstständiger Fotograf in den letzten Jahren zunehmend grünen Themen gewidmet. Er erforscht mit seiner Kamera alternative Anbau-Konzepte wie Waldgärten oder Agroforstsysteme und lässt sich immer wieder von den Prinzipien der Permakultur begeistern. Ich bin seit Jahren verliebt in alles, was grün ist, und habe mich als freie Texterin auf diesen Bereich spezialisiert. Für mich gibt es nichts Schöneres, als zu gärtnern und die Natur mit ihrer ganzen Vielfalt und Pracht zu entdecken. Kennengelernt haben Robert und ich uns – wie könnte es anders sein – in einem Urban-Gardening-Projekt. Seitdem sind wir für Reportagen und andere Projekte gemeinsam unterwegs. Die Liebe zur Natur und zum Gärtnern wollen wir unbedingt teilen und weitergeben.

Bildquellen

Das Titelbild und alle im Buch abgedruckten Fotos stammen von Robert Schlossnickel.

Die Zeichnungen stammen von: Davdeka/Shutterstock.com: S. 4; Daria Ustiugova/Shutterstock.com: S. 1 (Sprossen), 2 u. l., 29, 33, 37, 40, 44, 102, 103; darina.ill/Shutterstock.com: S. 117; Edenica/Shutterstock.com: S. 51; elena kisenkova/Shutterstock.com: S. 73, 123 (Minze); evgeniad88/Shutterstock.com: S. 3 u. (Tomatenpflanze), 23 (Käfer), 84 (Pflanze); FliederBlau/Shutterstock.com: S. 17, 20, 23 (Pflanze); He She It/Shutterstock.com: S. 3 o., 77, 113; HoyaBouquet/Shutterstock.com: S. 55, 59; katherinakrasovskaya/Shutterstock.com: S. 3 u. (lose Tomaten), 66, 80, 81; Macrovector/Shutterstock.com: S. 13 (Eierkarton), 122 (Gießkanne), 123 (Schild); Miraniuk Olga/Shutterstock.com: S. 10 (Lampe); Nadezhda Shoshina/Shutterstock.com: S. 108; NastyaMoon/Shutterstock.com: S. 8 (Pflänzchen), 15, 18; Olga_Serova/Shutterstock.com: S. 63, 91, 94, 98, 99, 125 (Thymian); Olga Toshka/Shutterstock.com: S. 84 (Zwiebel); Onesweetlime/Shutterstock.com: S. 1 (Tacker), 2 u. r., 3 u. (Kuli, Notizblock), 8 (Stift), 23 (Klammern), 123 (Mappe), 125 (Büroklammern), 127 (Schlüssel); Sana-Aquarelle/Shutterstock.com: S. 5, 10 (Pflanze), 13 (Sprühflasche), 25, 122 (Wassertropfen), 127 (Blätter)

Impressum

Die in diesem Buch enthaltenen Empfehlungen und Angaben sind von der Autorin mit größter Sorgfalt zusammengestellt und geprüft worden. Eine Garantie für die Richtigkeit der Angaben kann aber nicht gegeben werden. Autorin und Verlag übernehmen keine Haftung für Schäden und Unfälle. Bitte setzen Sie bei der Anwendung der in diesem Buch enthaltenen Empfehlungen Ihr persönliches Urteilsvermögen ein. Der Verlag Eugen Ulmer ist nicht verantwortlich für die Inhalte der im Buch genannten Websites.

Bibliografische Information der Deutschen Nationalbibliothek
Die Deutsche Nationalbibliothek verzeichnet diese Publikation in der Deutschen Nationalbibliografie; detaillierte bibliografische Daten sind im Internet über http://dnb.d-nb.de abrufbar.

© 2022 Eugen Ulmer KG
Wollgrasweg 41, 70599 Stuttgart (Hohenheim)
E-Mail: info@ulmer.de · Internet: www.ulmer.de
Projektleitung: Carolin Witte
Konzept: Bettina Brinkmann
Lektorat: Karolin Gerhardi
Herstellung: Silke Reuter
Reproduktion: time:ray, Jettingen
Umschlaggestaltung, Layout und Satz: Antje Warnecke, nordendesign.de
Druck und Bindung: Firmengruppe APPL, aprinta druck, Wemding
Printed in Germany

ISBN 978-3-8186-1505-5

HIER KÖNNEN SIE WEITERLESEN

Regrow your veggies.
Gemüsereste endlos nachwachsen lassen. M. Raupach, F. Lill. 2. Auflage 2022. 128 Seiten, 113 Farbfotos, 25 farbige Zeichnungen, kart. ISBN 978-3-8186-1462-1.

Dieses Buch zeigt, wie man mehr als 20 vermeintliche Küchenabfälle durch Regrowing – der Nachzucht von Gemüse – beinahe endlos nachwachsen lassen kann. Romanasalat, Frühlingszwiebeln und Co. lassen sich auf diese Weise mit nicht mehr als Wasser, Erde, Licht und einer Handvoll Zuwendung prima recyceln. Kein Garten oder Balkon? Kein Problem: Eine Fensterbank reicht aus, um den Regrow-Pflänzchen schon bald beim Wachsen zuzusehen. Ein ungewöhnliches wie inspirierendes Buch mit Spaßgarantie für Groß und Klein.